Bichette

Dr A. SIMON ET J. TOUTAIN
ANCIEN PRÉSIDENT PRÉSIDENT
DE LA SOCIÉTÉ DES SCIENCES HISTORIQUES ET NATURELLES
DE SEMUR EN AUXOIS
(CÔTE-D'OR).

COMPLÉMENTS ET CORRECTIONS

AUX

ÉPHÉMÉRIDES D'ALÉSIA DE M. S. REINACH

PARIS
ÉDITIONS ERNEST LEROUX
28, RUE BONAPARTE (VIe)

1926

COMPLÉMENTS ET CORRECTIONS

AUX

ÉPHÉMÉRIDES D'ALESIA

DE M. S. REINACH

DR A. SIMON ET J. TOUTAIN

ANCIEN PRÉSIDENT PRÉSIDENT

DE LA SOCIÉTÉ DES SCIENCES HISTORIQUES ET NATURELLES

DE SEMUR EN AUXOIS

(CÔTE-D'OR).

COMPLÉMENTS ET CORRECTIONS

AUX

ÉPHÉMÉRIDES D'ALESIA DE M. S. REINACH

PARIS

ÉDITIONS ERNEST LEROUX

28, RUE BONAPARTE (VIe)

—

1926

COMPLÉMENTS ET CORRECTIONS

AUX

ÉPHÉMÉRIDES D'ALESIA

DE M. S. REINACH

Pro vero, pro domo.

Dans son numéro daté de janvier-mars 1925 (cinquième
série, t. XXI, p. 26 et suiv.), la *Revue archéologique* a
publié, sous la signature de M. Salomon Reinach, un article
intitulé : *Ephémérides d'Alesia. Histoire, fouilles, controverses.* « Il est désirable, écrit l'auteur, que tout le passé
d'Alesia, toutes les controverses qu'ont suscitées l'identifi-
cation du site et les découvertes faites sur le plateau et à
l'entour, soient accessibles sous une autre forme que celle
d'une sèche bibliographie... Ce que j'entends donner ici est
autre chose : c'est une sorte de chronologie raisonnée, à la
fois des faits et des thèses archéologiques... ».

La Société des Sciences historiques et naturelles de
Semur, qui a pris en 1905 l'initiative des fouilles actuelles
et dont la part a été si considérable, depuis vingt ans, dans
l'exploration archéologique du mont Auxois, n'aurait pu
qu'être satisfaite de l'entreprise réalisée par M. Salomon
Reinach, si elle n'avait été obligée de constater les lacunes,
les erreurs, les jugements injustes qui déparent ce travail,

lacunes, erreurs, injustices qui toutes, comme par hasard, se trouvent commises au détriment de son œuvre, de son action, des études auxquelles ont donné lieu les découvertes faites sur ses chantiers.

D'autre part, M. Salomon Reinach a cru devoir introduire dans son récit le rappel de questions purement personnelles, qui n'ont aucun intérêt pour l'archéologie et sur lesquelles depuis plus de dix ans la Société des Sciences de Semur a gardé, non sans mérite, un silence complet. « Je ne veux plus entendre parler d'Alesia qu'au point de vue archéologique », nous disait en 1909 M. Camille Jullian. De notre côté, nous avons scrupuleusement observé ce programme. On nous force aujourd'hui à nous départir de cette réserve. Eh bien, soit ! Nous suivrons M. Salomon Reinach sur ce terrain comme sur le terrain purement scientifique.

Notre but n'est pas d'écrire à notre tour une histoire des fouilles d'Alesia. Nous voulons seulement combler les lacunes, réfuter les erreurs, redresser les injustices trop nombreuses dans l'article de M. Salomon Reinach. Pour que ce caractère purement défensif apparaisse jusque dans la disposition matérielle de notre réponse, nous suivrons pas à pas, page par page, le travail du savant Directeur du Musée de Saint-Germain ; nous ne nous écarterons pas de l'ordre qu'il a suivi, et nous nous efforcerons de ne rien laisser dans l'ombre à propos des controverses qu'il a cru devoir soulever. Chacune de nos affirmations, de nos corrections, chacun de nos compléments sera étayé d'un document. Puisque M. Salomon Reinach ne s'est pas interdit de faire usage de lettres privées, nous ne voulons pas, non plus, renoncer à cette arme ; mais nous n'en userons qu'avec la plus grande réserve et seulement en cas de nécessité.

*
* *

Et d'abord, en manière d'introduction, demandons-nous si M. Salomon Reinach connaît avec exactitude le sujet qu'il a traité, du moins certains éléments de ce sujet.

Dans le *Catalogue illustré du Musée des Antiquités natio-*

nales, M. Salomon Reinach a écrit (1) : « Vercingétorix dut se réfugier sur le Mont Auxois (arrondissement de Semur, Côte d'Or), dont Alesia occupait le versant occidental. César le poursuivit et résolut de le réduire par la famine. Il s'établit sur les hauteurs qui entourent le Mont Auxois, le Mont Réa au nord-ouest, la montagne de Bussy au nord-est, les collines de Pennevelle et de Flavigny au sud ». Il y a dans ces quelques lignes trois erreurs :

1° Alesia n'a jamais occupé le versant occidental du Mont Auxois. Elle occupait le centre du plateau qui forme la table suprême du Mont. Dire qu'Alesia occupait le versant occidental, c'est commettre une erreur analogue à celle que l'on commettrait en écrivant que le Parthénon occupait l'une des pentes de l'Acropole.

2° César ne s'établit pas *sur* le Mont Réa, mais *au pied* de ce mont. L'erreur est ici d'autant plus grave que la position de César sur la pente inférieure de ce mont était l'un des points faibles de sa ligne de retranchements ; les commandants de l'armée de secours appelée par Vercingétorix s'en aperçurent vite ; c'est là qu'ils essayèrent de forcer les lignes romaines, en se précipitant contre elles du haut de la montagne.

3° La colline de Pennevelle n'est pas au sud, mais à l'est, tout au plus à l'est-sud-est du Mont Auxois. La grouper avec la colline de Flavigny, c'est oublier ou ignorer qu'entre la colline de Pennevelle et la colline ou plus exactement la montagne de Flavigny se creuse la vallée profonde de l'Ozerain, dirigée d'abord du sud-est au nord-ouest, puis de l'est à l'ouest.

Le 22 août 1924, à l'Académie des Inscriptions et Belles-Lettres, M. Salomon Reinach affirma que le plateau d'Alesia est seulement à trois heures de Paris (2). Or les trains les plus directs, pour se rendre de Paris à la station des Laumes-Alesia, mettent quatre heures vingt minutes au moins, et de cette station, pour gagner l'emplacement de la vieille

(1) Tome II (paru en 1921), p. 113.

(2) *Comptes-rendus des séances de l'Académie des Inscriptions et Belles-Lettres*, 1924, p. 247.

cité, il faut en automobile un bon quart d'heure, à pied trois quarts d'heure. Le plateau d'Alesia est donc, au minimum, à quatre heures et demie de Paris.

Évidemment ce ne sont pas là des erreurs capitales. Si nous les avons signalées, c'est pour indiquer, par des exemples caractéristiques, combien la documentation de M. Salomon Reinach, en ce qui concerne la question d'Alesia, manque d'exactitude et de précision.

**
* **

Abordons maintenant son article de la *Revue archéologique.*

P. 26 (1). — M. Salomon Reinach nomme comme directeurs des fouilles d'Alesia MM. V. Pernet, Espérandieu et Epery. Il y a là une lacune; il faut ajouter à ces trois noms celui de M. J. Toutain, qui est officiellement directeur des fouilles de la Société de Semur depuis 1922 et qui, depuis 1910, a très activement collaboré à la direction scientifique de ces mêmes fouilles, aux côtés de V. Pernet, avec lequel il a toujours travaillé dans un esprit de parfaite et respectueuse entente.

P. 29. — A propos du texte de Pline (*Nat. hist.*, XXXIV, 48) sur l'industrie de l'étamage à Alesia et de la confirmation de ce texte par les résultats des fouilles, M. Salomon Reinach donne comme seule référence : Espérandieu, *Bull. des fouilles*, I, p. 13. Bien avant l'apparition du *Bulletin des Fouilles*, dont le premier fascicule a été publié en 1914, le texte de Pline et sa confirmation archéologique avaient été mentionnés, entre autres, par Matruchot dès 1908 (2) et par M. J. Toutain en 1910 (3).

(1) Nous nous reportons à la pagination de la *Revue archéologique* plutôt qu'à celle du tirage à part que M. Salomon Reinach a fait faire des *Ephémérides d'Alesia.*

(2) L. Matruchot, *Alesia*, extrait du journal *Le Volume*, 1908, p. 654.

(3) J. Toutain, *Alesia gallo-romaine*, conférence faite en 1910, publiée dans la *Revue Scientifique*, Revue rose, 9 avril 1910, reproduite dans *Alesia, son histoire, sa résurrection* (Fasc. 2 de la *Bibliothèque Pro Alesia*, p. 72).

P. 29. — Sous la date 251 — M. Salomon Reinach estime non sans raison que les Actes de Sainte Reine aujourd'hui connus sont sans valeur historique. Mais il omet de citer, soit en ce qui concerne ces Actes, soit en ce qui regarde le culte même de la Sainte à Alesia, des documents de la plus grande importance et d'une authenticité incontestable.

C'est d'abord le Martyrologe hiéronymien. Dans le *Codex Bernensis* de ce Martyrologe, attribué par Mgr Duchesne et par G. B. de Rossi au début du VII° siècle, on lit pour le VII° jour avant les Ides de septembre : « *et in territur. eduo civit. loco Alisia natale Sce. Reginae martyrae* » ; dans le *Codex Wissenburgensis*, qui d'après les mêmes savants est postérieur d'environ un siècle au *Bernensis*, on lit : « *et conf. edue civit. in Gall. locum Alesiane nat. Scae Reginae mar. cujus gesta habentur* ». Ces deux textes, dont M. Salomon Reinach ne dit mot, prouvent : 1° que le culte de Sainte Reine était célébré à Alise dans les premières années du VII° siècle ; 2° qu'un siècle plus tard, c'est-à-dire au début du VIII°, des Actes de la martyre étaient connus. Au lieu de ces documents, M. Salomon Reinach mentionne simplement Raban Maur qui, dit-il, paraît avoir connu des Actes plus anciens que nous n'avons pas.

Si M. Salomon Reinach ignore ou omet le Martyrologe Hiéronymien, il ne paraît pas connaître non plus certains passages du double testament de Widerade, fils de Corbon, fondateur de l'abbaye bénédictine de Flavigny, contemporain des derniers Mérovingiens et de Charles Martel, et qui vivait par conséquent dans la première moitié du VIII° siècle. Ce double testament a été publié par Mabillon. Dans le premier testament on lit que Widerade fit d'importantes donations aux sanctuaires de Saint Andoche à Saulieu, de Sainte Reine à Alise, de Saint Ferréol à Besançon, « *ubi ipsi pretiosi requiescunt in corpore* ». Le passage relatif à Sainte Reine commence ainsi : « *Similiter donamus ad basilicam S. Reginae, ubi ipsa pretiosa requiescit in corpore.... * », Dans le second testament, Widerade rappelle et confirme ces donations : il emploie le terme de *monasteria* pour

Saint Andoche et pour Sainte Reine : *ad monasteria sancti Andochii vel Sanctae Reginae martyris*. Ces textes, complètement passés sous silence par M. Salomon Reinach, attestent, outre l'existence d'une basilique et d'un monastère de Sainte Reine, la présence des reliques de la martyre dans l'église où se célébrait son culte.

P. 31. — Sous la date : vers 750. — M. Salomon Reinach écrit : « L'église Saint Léger est construite sur le versant O. du Mont Auxois, où existait déjà une basilique de Sainte Reine ». Cette phrase prête à confusion. L'adverbe *où* se rapporte-t-il au Mont Auxois ou bien au versant O. du mont ? Dans la première hypothèse, la phrase manque de précision. Le renseignement est tiré des *Leçons pour l'office du jour de la Révélation des Reliques de Sainte Reine*. Ces leçons indiquent avec précision l'emplacement de la basilique de Sainte Reine et de l'église Saint Léger. La basilique, y est-il dit, fut construite *intra muros oppidi*, c'est-à-dire à l'intérieur de l'antique Alesia, par conséquent sur le plateau même ; l'église Saint Léger, de caractère paroissial, s'éleva *prope dictum oppidum... in clivo montis*. Ces précisions topographiques ont une très grande valeur pour l'interprétation des récentes découvertes faites par la Société des Sciences de Semur sur le Mont Auxois.

Dans la seconde hypothèse, plus conforme à la correction grammaticale, c'est-à-dire si l'adverbe *où* se rapporte au membre de phrase tout entier *sur le versant O. du Mont Auxois*, on voit l'erreur grave commise par M. Salomon Reinach. La basilique de Sainte Reine se trouvait, non sur le versant O., mais sur le plateau même.

En tout cas, c'est une erreur topographique de placer l'église Saint Léger sur le versant O. ; elle était sur le versant S. ; tout au plus sur le versant S. S. O.

P. 33. — Sous la date 1659. — M. Salomon Reinach écrit que cette année-là, l'évêque d'Autun approuve l'office de Sainte Reine, *rédigé* par D. Hugues Vaillant. Sous cette forme, l'affirmation est ou inexacte ou incomplète. Cet office n'est que le résumé et la mise au point d'un office beaucoup plus ancien, dont certaines parties nous ont été conservées par D. Georges Viole, bénédiction de la Congrégation de Saint Maur, qui vivait au xvii° siècle; d'après Quicherat, cet ancien office remontait au moins au xii° siècle. La comparaison entre l'ancien office et l'office rédigé par D. Hugues Vaillant a été faite en détail par M. J. Toutain, dans un article que M. Salomon Reinach ne cite pas (1). La phrase de M. Salomon Reinach pourrait faire croire qu'il n'y avait pas d'office de Sainte Reine avant l'année 1659.

Cette absence, presque complète, dans la *chronologie raisonnée* de M. Salomon Reinach, de faits et de documents très importants relatifs au culte de Sainte Reine sur le Mont Auxois, explique peut-être pourquoi il s'obstine à nier que l'église chrétienne du haut moyen âge, découverte par V. Pernet en 1913, méthodiquement déblayée en 1922 et 1923 par les soins de la Société des Sciences de Semur, ait pu être la basilique primitive de la Sainte.

P. 69. — Sous la date 11 août 1904. — M. Salomon Reinach commet ici une omission grave. Rendant compte de la séance tenue par la Société des Sciences de Semur le 11 août 1904, il signale bien la proposition de M. de Saint Genis au sujet d'un pèlerinage patriotique annuel sur le Mont Auxois, et celle de M. Cazet, adoptée par la Société, concluant à l'organisation pendant les vacances d'une séance à Alise Sainte Reine. Mais il oublie l'essentiel. Ce jour-là, en effet, M. de Saint Genis, alors président de la Société, demanda qu'elle reprît la question d'Alise et la Société décida à l'unanimité que la dite question serait mise désormais à l'ordre du jour permanent de ses réunions (2).

Cette proposition et cette décision, datées du 11 août 1904, attestent que l'initiative des recherches nouvelles entre-

(1) J. Toutain. *Autour de la basilique de Sainte Reine*, dans le *Bulletin d'ancienne littérature et d'archéologie chrétienne*, 1914, p. 23 et suiv.

(2) *Bulletin de la Société des Sciences de Semur*, t. XXXIII (1904). p. 104 et suiv.

prises sur l'emplacement d'Alesia, à une époque où personne n'y songeait, est due à la Société de Semur et à elle seule. C'est là un fait que nous ne laisserons contester ou passer sous silence par personne.

P. 70. — Sous la date du 29 juin 1905. — A propos de la réunion du 18 septembre 1905, M. Salomon Reinach affirme qu'ayant refusé lui-même de la présider, il proposa à sa place Camille Jullian, qui se trouva empêché, puis Héron de Villefosse, qui accepta. — Sur ce point, la mémoire de M. Salomon Reinach est infidèle. Voici en effet ce qu'il écrivait, plus de deux mois après le 29 juin, le 11 septembre 1905, à M. le Dr A. Simon, devenu président de la Société après la mort de M. de Saint Genis. « Le président tout indiqué est le *maire d'Alesia*; toute autre désignation serait, à mon avis, une faute de tactique. On n'a que faire de vice-président et de secrétaire ; il faut maintenir à cette réunion *préparatoire* son caractère d'intimité. En cas de refus d'Epery (1), il faudrait prendre le sénateur de la Côte d'Or, le préfet ou le sous-préfet ». Si le 29 juin ou peu de temps après le 29 juin, Héron de Villefosse avait accepté la présidence de la réunion, comment s'expliquer la lettre de M. Salomon Reinach, datée du 11 septembre suivant ?

P. 70. — Sous la date du 19 août 1905. — M. Salomon Reinach cite le passage suivant d'une lettre que lui adressait M. le Dr A. Simon : « Ne connaissez-vous personne à qui on pourrait confier la direction des opérations ? Vous m'aviez parlé du commandant Espérandieu. Pourrait-il se charger de cette mission ? » — Qu'il nous soit permis de citer à notre tour un passage d'une lettre de M. Salomon Reinach à M. le Dr A. Simon, datée du 11 septembre 1905 : « Espérandieu n'est nullement indispensable pour diriger les fouilles. Corot (de Savoisy) ou Déchelette conviendraient très bien ». Si telle était l'opinion de M. Salomon Reinach

(1) Alors maire d'Alise.

en 1905, que signifie la formule employée par lui dans un article de la *Revue archéologique* (1909, I, p. 174) et que nous critiquerons plus loin : « la période scientifique des fouilles d'Alesia commence et finit avec sa trop courte direction (du C¹ Espérandieu) ». Comment pouvait-il en être ainsi, si le C¹ Espérandieu n'était pas l'homme indispensable ?

P. 71. — Sous la date du 16 octobre 1905. — M. Salomon Reinach, après avoir mentionné les fouilles et sondages préliminaires exécutés sur le Mont Auxois, ajoute : « Pernet note les trouvailles dans son *Journal* ». L'expression est ici tout à fait insuffisante. La vérité est que Pernet dirigea seul ces fouilles et sondages, dont le succès fut tel que l'exploration méthodique du Mont Auxois fut alors décidée.

P. 72. — Sous la date du 9 avril 1906. — M. Salomon Reinach fait une brève allusion au rapport présenté par M. Camille Jullian sur une demande de subvention adressée par la Société des Sciences de Semur à la Section d'archéologie du Comité des travaux historiques et scientifiques, à l'effet de pratiquer des fouilles sur le Mont Auxois ; Puis il ajoute : « Le Comité décide que la direction des fouilles sera donnée au commandant Espérandieu », et il donne comme référence *B(ulletin) A(rchéologique)*, 1906, p. 81* (1).

Il y a là une erreur capitale, qu'il est d'autant plus nécessaire de mettre pleinement en lumière, qu'elle a été la source de très graves difficultés.

1° La prétendue décision du Comité aurait été une incorrection caractérisée à l'égard du Ministère de la guerre. M. le C¹ Espérandieu était alors en service actif audit Ministère ; il ne pouvait être nommé à la direction des fouilles qu'avec une autorisation expresse du Ministre de la guerre, et si la nomination était faite par le Comité, c'était au Ministre de l'Instruction publique qu'il appartenait de solli-

(1) Plus exactement p. LXXXI.

citer cette autorisation. Or l'autorisation nécessaire et préa-
lable n'a été accordée que le 3 mai 1906, et elle avait été
demandée par M. le Dr A. Simon, au nom et comme président de la Société des Sciences de Semur, ainsi que le
prouvent les documents dont nous donnerons le texte ci-
dessous.

2° Mais le Comité n'a pas commis, il ne pouvait pas commettre l'incorrection qui lui est prêtée ; la Section d'Archéologie, en effet, n'a pas qualité pour désigner un directeur de
fouilles entreprises par une Société savante. S'il en était
ainsi, l'autonomie des Sociétés savantes de province serait
gravement compromise. En l'espèce, le rôle de la Section
d'archéologie est d'émettre un avis sur les demandes de
subventions que les Sociétés lui adressent, puis, si une subvention a été accordée par le Ministre, de demander un rapport sur les fouilles exécutées à l'aide de cette subvention et
d'apprécier, après avoir pris connaissance de ce rapport, si
ces fouilles ont été bien conduites ou non, si elles méritent
ou non d'être encouragées de nouveau. D'ailleurs à qui fera-
t-on croire que, si M. le C^t Espérandieu avait été nommé
directeur des fouilles d'Alesia par le Comité, c'est-à-dire
par le Ministère de l'Instruction publique, il aurait pu être
remplacé dans cette direction par la seule initiative et la
seule décision de la Société des Sciences de Semur ?

3° Ce qui est plus important encore que l'erreur ici commise par M. Salomon Reinach, c'est le procédé qui a été
employé pour la commettre. Reportons-nous au *Bulletin
archéologique*, 1906, p. LXXXI. Qu'y trouvons-nous ? D'abord
le rapport précité de M. Camille Jullian ; après avoir indiqué l'importance historique et archéologique d'Alesia, le
savant historien de la Gaule concluait sur la demande de
subvention : « Pour tous ces motifs il me semble d'une très
haute importance d'encourager l'initiative de la Société de
Semur et de lui accorder la plus large subvention possible. »
Puis il donnait les conseils les plus judicieux sur la méthode
qu'il convenait de suivre ; il déclarait que le premier monument à fouiller était le théâtre dont l'emplacement était
connu et qu'il faudrait ensuite « de la périphérie de ce

théâtre partir en tranchées rayonnantes à la découverte des autres édifices (1) ».

Après avoir entendu ce rapport, où il n'était question que de fouilles prévues par la Société de Semur, la Section d'archéologie vota la motion suivante, dont il est nécessaire de reproduire, pour la bien comprendre et l'interpréter exactement, le texte intégral.

« Le Comité, après avoir entendu le précédent rapport [de M. Camille Jullian], et les explications données par M. le Directeur de l'Enseignement supérieur, émet l'avis qu'une subvention soit accordée à la Société des Sciences de Semur pour lui permettre de faire des recherches préliminaires dans le sens indiqué par le rapporteur. Suivant les résultats obtenus, le Comité examinera s'il y a lieu d'entreprendre des fouilles plus étendues et de demander aux Chambres un crédit spécial pour cet objet. Le Comité décide, en outre, de donner, le cas échéant, la direction des fouilles d'Alise à M. le commandant Espérandieu. »

Ce texte est d'une clarté parfaite. D'une part il exprime le désir et l'avis qu'une subvention soit accordée à la Société des Sciences de Semur pour les fouilles qu'elle se propose d'entreprendre. D'autre part il prévoit le cas où, ces fouilles dites préliminaires ayant été fructueuses, l'entreprise deviendrait nationale, à l'aide d'un crédit spécial demandé au Parlement, et, le cas échéant, il désigne M. le C' Espérandieu comme directeur de ces fouilles plus étendues. Mais il ne le désigne nullement comme directeur des « recherches préliminaires » que doit faire la Société de Semur.

Or comment M. Salomon Reinach a-t-il traité ce texte ? Il en a supprimé la plus grande partie, ce que l'on pourrait appeler l'exposé des motifs. Puis dans la phrase qui concerne M. le C' Espérandieu, il a supprimé trois mots essentiels : *le cas échéant*. Et c'est ainsi, en tronquant la motion du Comité, qu'il est arrivé à cette formule complètement erronée : « Le Comité décide que la direction des fouilles sera donnée au Commandant Espérandieu. » Jamais la Sec-

(1) Ce fut là exactement le programme appliqué ; on en connaît les très beaux résultats.

tion d'archéologie n'a voulu donner au Commandant Espérandieu la direction des fouilles entreprises par la Société des Sciences de Semur.

P. 72. — Sous la date du 30 avril 1906. M. Salomon Reinach lui-même en donne la preuve, tout en commettant une légère inexactitude de date. C'est le 3 mai et non le 30 avril 1906 que « *le Ministre de la guerre, sur la demande du président de la Société des Sciences de Semur, autorise le C^t Espérandieu, détaché à la section historique de l'État-major,* DE *(sic) prêter a cette société son concours pour les fouilles qu'elle se propose de faire sur le Mont Auxois.* » La demande d'autorisation a été adressée au Ministre de la guerre par M. le Dr A. Simon, président de la Société de Semur ; la réponse du Ministre, accordant cette autorisation, a été adressée à M. le Dr A. Simon. Tout s'est passé entre le ministère de la guerre et la Société de Semur.

Il n'est pas sans intérêt de donner ici le texte complet des deux lettres.

Voici d'abord la demande adressée par M. le Dr A. Simon à M. le Ministre de la guerre.

Monsieur le Ministre,

Comme vous le savez certainement, la Société des Sciences historiques et naturelles de Semur, dont j'ai l'honneur d'être président, a pris l'initiative de recherches étendues sur le plateau du Mont Auxois. Les sondages qu'elle a déjà fait pratiquer ne laissent aucun doute sur l'existence, à une très faible profondeur, des ruines de l'Alesia des *Commentaires.* Elle dispose actuellement de quelques ressources et son intention serait de les employer, à bref délai, à des fouilles dont on peut espérer des découvertes du plus haut intérêt pour notre histoire nationale.

En 1863, lorsque des recherches furent faites pour reconnaître le tracé des travaux d'investissement de l'oppidum, un officier, M. le capitaine, aujourd'hui colonel, Stoffel eut la direction officielle des fouilles. La Société de Semur, s'inspirant de ce précédent, vous serait aujourd'hui reconnaissante, Monsieur le Ministre, s'il vous était agréable de lui accorder de même un officier, qui se rendrait à Alise aussi souvent que ses obligations professionnelles le lui permettraient, aurait la haute main sur le personnel que nous mettrions à son service, et prescrirait les déblaiements qui lui paraîtraient nécessaires.

Il resterait d'ailleurs bien entendu que cet officier directeur ne serait mêlé d'aucune sorte aux questions d'argent, et que celles-ci demeureraient du ressort exclusif de la Société. Il n'aurait à s'occuper notamment ni des appels au public pour l'intéresser aux fouilles, ni des relations avec les propriétaires des terrains à explorer.

La faveur que je sollicite étant admise, je ne sais, Monsieur le Ministre, s'il vous conviendrait de m'autoriser à vous exprimer quelque préférence. Dans l'affirmative, je vous prierai alors respectueusement, au nom de la Société, de vouloir bien fixer votre choix sur M. le commandant Espérandieu, détaché à la section historique de l'État-major de l'armée. M. Espérandieu, qui est correspondant de l'Institut et et membre (1) du Comité des travaux historiques et scientifiques, nous est connu par ses travaux ; l'intérêt qu'il a pris à nos projets dès le premier jour nous est d'autre part le plus sûr garant de l'empressement qu'il mettrait à nous venir en aide.

Veuillez agréer, etc.

Dr A. SIMON,
Président de la Société des Sciences de Semur.

Le brouillon de cette lettre, conservé dans les Archives de la Société de Semur, est écrit de la main de M. le C^t Espérandieu, et au-dessous de ce brouillon, on lit, écrit au crayon :

Vu par M. Salomon Reinach qui en a approuvé le texte. E.

Voici d'autre part la réponse du Ministre de la guerre :

Paris, le 3 mai 1906.

Le Ministre de la guerre à Monsieur le Président de la Société des Sciences historiques et naturelles de Semur.

Monsieur le Président,

En réponse à la demande contenue dans votre lettre du 7 avril courant, j'ai l'honneur de vous faire connaître que j'ai décidé d'accorder à M. le commandant Espérandieu, détaché à la section historique de l'État-major de l'armée, toutes les facilités compatibles avec le service pour permettre à cet officier supérieur de prendre part aux travaux de recherches que la Société des Sciences historiques et naturelles de Semur poursuit sur le plateau du Mont Auxois pour découvrir les ruines d'Alesia.

Suivant les termes de votre lettre précitée, il reste entendu que la mission dont cet officier supérieur est investi ne devra lui ouvrir, en

(1) Non résidant.

dehors de la solde réglementaire et accessoires de solde, aucun droit aux indemnités prévues par le règlement du 18 mars 1901 sur les frais de route.

Recevez, Monsieur le Président...

Signé : ÉTIENNE.

Le brouillon de la lettre écrite par le Dr A. Simon est de la main de M. le C^t Espérandieu et le texte en a été approuvé par M. Salomon Reinach. D'autre part M. le C^t Espérandieu a affirmé, dans une lettre écrite à M. le Dr A. Simon le 27 août 1907, à propos de la réponse du Ministre de la guerre : « *le brouillon de cette lettre a été écrit sous ma dictée.* »

Il en résulte que M. Salomon Reinach et M. le C^t Espérandieu connaissaient bien ou devaient bien connaître les termes et le sens des deux lettres que nous venons de publier. Ces termes sont très nets et le sens n'en est pas douteux.

Puisque l'officier, en faveur duquel M. le Dr A. Simon demande l'autorisation de s'occuper des fouilles de la Société de Semur à Alesia, *ne doit être mêlé d'aucune sorte aux questions d'argent, ne doit s'occuper ni des appels au public pour l'intéresser aux fouilles, ni des relations avec les propriétaires des terrains à explorer* ; — puisque d'autre part le Ministre de la guerre accorde au C^t Espérandieu toutes facilités compatibles avec le service pour lui permettre *de prendre part aux travaux de recherches que la Société de Semur poursuit sur le Mont Auxois,* c'est que le rôle attribué au C^t Espérandieu est un rôle purement scientifique ; ce n'est pas une direction générale englobant les questions financières, s'étendant aux achats ou locations de terrain, préparant une publicité avantageuse. Et le Ministre de la guerre ne signe aucune nomination ; il *permet* seulement au Commandant Espérandieu de prendre part aux fouilles entreprises par la Société de Semur.

Dès lors, comment ne pas s'étonner de trouver dans une lettre du C^t Espérandieu au Dr A. Simon, en date du 7 août 1907, le passage suivant :

— 15 —

« Vous avez demandé au Ministre « un officier » pour « diriger » —
diriger tout court — les fouilles d'Alesia, et vous l'avez prié de porter
son choix, de préférence, sur mon nom. Je suis donc officiellement, de
par le Ministre, le Directeur des Fouilles d'Alesia. S'il vous plaît de me
donner ce titre et non celui, où je vois une offense personnelle, de
Directeur scientifique, ce sera, je vous l'assure, un premier pas vers
l'apaisement. »

Tenir pour une offense personnelle, le titre de *Directeur
scientifique des fouilles d'Alesia* !! Cela se passe de commentaires !

P. 76. — Sous la date du 13 septembre 1906. — M. Salomon Reinach signale la réunion de la Société des Sciences
de Semur à Alise : « le directeur de l'Enseignement supérieur, Bayet, y assiste et promet de subventionner les
fouilles. » — Il y a ici une double erreur. M. Bayet n'as-
sista pas à la réunion du 13 septembre 1906 ; il était venu à
titre personnel visiter les fouilles le 2 août précédent et sa
visite avait été précédée de l'annonce d'une subvention de
6.000 francs, accordée par le ministre sur les conclusions
favorables d'un rapport de M. Bayet lui-même. La subvention est donc bien antérieure à la séance du 13 septembre.

P. 78. — Sous la date du 25 août 1907. — M. Salomon
Reinach prétend qu'une représentation d'un *Vercingétorix*
en vers de Castellani a été donnée au théâtre d'Alesia par la
tournée Silvain. — C'est là une erreur. Il n'y a jamais eu
de représentation donnée au théâtre d'Alesia par la tournée
Silvain. Le fait lui-même et la date sont de pure invention.
Voici ce qui s'est passé. M. et Mme Silvain ayant songé à
donner une représentation à Alise s'adressèrent d'abord
à M. le Commandant Espérandieu. N'ayant reçu de lui
aucune réponse, ils allèrent trouver, sur le conseil de
M. le Dr A. Simon, Matruchot. Le 20 juillet 1907, Matruchot annonce par dépêche, à M. le Dr Simon que le lendemain 21 juillet M. et Mme Silvain seraient à Alesia
pour examiner les lieux. Ils y vinrent en effet et, après

examen, estimèrent qu'ils ne pouvaient réaliser leur projet ; tout se borna à cette visite. Si nous croyons devoir signaler cette erreur de M. Salomon Reinach, c'est que la visite de M. et Mme Silvain fit surgir un des nombreux incidents qui mirent en lumière le désaccord de plus en plus accentué entre la Société des Sciences et M. le commandant Espérandieu. Celui-ci se plaignit en termes extrèmement vifs de n'avoir pas été convié à accompagner M. et Mme Silvain sur le Mont Auxois. En vain on lui rappela qu'ils s'étaient d'abord adressés à lui sans obtenir aucune réponse et que l'organisation projetée d'une représentation théâtrale à Alise même, au pied de la statue de Vercingétorix, et non dans le théâtre gallo-romain, ne se rattachait en rien à la direction scientifique des fouilles, la seule qui lui eût été attribuée ; M. le C^t Espérandieu ne voulut rien entendre, renouvela ses plaintes et ses protestations et écrivit à M. le Dr Simon une lettre pleine de menaces, où il disait : « Au point où nous en sommes, c'est la paix ou la guerre..... S'il vous convient de me traiter en ennemi, je me défendrai. »

P. 78. — Sous la date du 16 mars 1908. — M. Salomon Reinach se contente de faire allusion au rapport de M. Camille Jullian sur une demande de subvention présentée par la Société des Sciences de Semur en vue de poursuivre les fouilles d'Alesia. Il ne nous paraît pas inutile d'en citer quelques passages : « Vous connaissez les beaux résultats des deux dernières campagnes de fouilles exécutées à Alesia par la Société des Sciences de Semur, sous la direction de M. le Commandant Espérandieu... ces fouilles ont eu en France un très vif succès. Les beaux temps de Quicherat, de Saulcy, de Stoffel reviennent pour la Gaule. L'étranger s'est intéressé lui-même à nos travaux... Nous avons été d'un bon exemple. Il est bon de le continuer. Il reste encore plus des quatre cinquièmes du champ des ruines à découvrir. Je vous propose d'accueillir favorablement la demande d'une nouvelle subvention qui nous est faite par la Société des Sciences de Semur. »

Le procès-verbal de la séance de la Section d'archéologie

du Comité des travaux historiques continue en ces termes :
« M. le président [Héron de Villefosse] et plusieurs membres du Comité expriment le regret que la Société des Sciences de Semur n'ait pas informé le Comité des découvertes faites à Alesia et du progrès des fouilles.

« Le Comité décide qu'il y a lieu d'accorder à la Société des Sciences de Semur la subvention qu'elle sollicite, mais que cette subvention ne lui sera délivrée qu'après qu'elle aura adressé au Comité un compte-rendu sommaire des fouilles opérées à l'aide de la subvention précédemment accordée par M. le Ministre de l'Instruction publique. M. le Cᵗ Espérandieu restera chargé de la direction des fouilles (1). »

Ici encore, comme plus haut, les citations de M. Salomon Reinach sont incomplètes. Arrêtons-nous sur plusieurs expressions contenues dans ce procès-verbal. « *Les campagnes de fouilles sont exécutées à Alesia par la Société des Sciences de Semur, sous la direction de M. le commandant Espérandieu.* » Ce sont donc bien les fouilles de la société, et non point des fouilles entreprises par le Ministère. « *La demande d'une nouvelle subvention est faite par la Société des Sciences de Semur.* » C'est donc la Société qui agit en faveur de l'œuvre archéologique dont elle a eu l'initiative.

On regrette que « *la Société des Sciences de Semur n'ait pas informé le Comité des découvertes faites à Alesia et du progrès des fouilles.* » Le Comité ne connaît donc que la Société, ne s'adresse pas à une autre personne pour être renseignée sur les fouilles d'Alesia. C'est à elle et à elle seule que le Comité demande un compte-rendu sommaire des fouilles. Quant à la dernière phrase « *M. le Commandant Espérandieu restera chargé de la direction des fouilles* », elle ne peut qu'exprimer un vœu du Comité, car la direction des fouilles avait été confiée à M. le Commandant Espérandieu par la Société de Semur et par elle seule ; le 16 mars 1908, la Section d'archéologie du Comité n'avait pas plus qualité que le 9 avril 1906 pour désigner le directeur de fouilles entreprises par une Société savante de province.

(1) *Bulletin archéologique du Comité*, 1908, p. 141 et suiv.

La situation était donc très nette le 16 mars 1908 et le procès-verbal de la séance tenue ce jour-là par la Section d'archéologie du Comité est d'une clarté parfaite.

P. 79. — Sous la date du 28 mars 1908. — M. Salomon Reinach cite une lettre adressée par M. Doumergue, ministre de l'Instruction publique, à M. le C¹ Espérandieu. Cette lettre est ainsi conçue :

« En examinant une nouvelle demande de subvention de la Société des Sciences de Semur, le Comité des travaux historiques a décidé de ne me proposer de répondre favorablement à cette requête que lorsque la section d'archéologie aura été mise au courant des découvertes de la campagne archéologique de 1907 pour laquelle mon département avait alloué 2.000 francs.

« A cette occasion, le Comité a rappelé que vous aviez été désigné, sur la proposition de la section d'archéologie, pour diriger officiellement ces fouilles d'Alise, que vous aviez été jusqu'ici et que vous demeuriez l'intermédiaire naturel entre la Société des Sciences de Semur et mon administration, et que c'était par conséquent à vous qu'il appartient de me faire parvenir un rapport sur les fouilles effectuées en 1907. Je vous serai en conséquence obligé de m'adresser sur ces travaux, dans le plus bref délai, un compte-rendu sommaire qui sera présenté au Comité et inséré dans un des plus prochains fascicules du *Bulletin d'archéologie.* »

Si respectueux que nous soyons des actes de l'administration, nous sommes obligés d'affirmer que le rédacteur de cette lettre, quel qu'il soit, a fait signer au Ministre une remarquable collection d'erreurs.

Le premier paragraphe de la lettre serait exact, si on y avait précisé que la Section d'archéologie demandait d'être mise au courant des découvertes de la campagne archéologique de 1907 *par la Société des Sciences de Semur.* On a négligé de donner cette précision, conforme au procès-verbal de la séance.

Quant au second paragraphe, il ne s'y trouve pas une ligne qui ne soit en contradiction avec le procès-verbal de la séance de la Section d'archéologie. — «*Le Comité a rappelé que vous aviez été désigné, sur la proposition de la section d'archéologie, pour diriger officiellement ces fouilles d'Alise.* »

Assertion fausse : il n'y a rien de tel dans le susdit procès-verbal. — «... *que vous aviez été jusqu'ici et que vous demeuriez l'intermédiaire naturel entre la Société des Sciences de Semur et mon administration...* » Invention : c'est le contraire qui ressort du procès-verbal, où partout c'est à la Société de Semur que le Comité s'adresse directement. — «... *et que c'était par conséquent à vous qu'il appartenait de me faire parvenir un rapport sur les fouilles effectuées en 1907.* » Imagination : le procès-verbal indique au contraire que le rapport est demandé à la Société des Sciences de Semur et que la subvention sollicitée par elle ne lui sera accordée qu'à cette condition. Toutes ces inexactitudes de la lettre ministérielle ont été signalées dès 1909 dans une brochure rédigée par la Commission des Fouilles d'Alise Sainte Reine. Si M. Salomon Reinach les reproduit ici, sans aucune réserve, c'est qu'il ne connaît pas cette brochure, ce qui serait une lacune dans sa documentation, ou que la connaissant, il ne veut ni en tenir compte, ni la citer, ce qui est un témoignage incontestable de partialité.

Il y a contradiction flagrante entre la lettre adressée au C' Espérandieu le 28 mars 1908 et le procès-verbal de la séance de la Section d'archéologie du Comité du 16 mars, séance à laquelle la lettre se réfère. Il ne nous appartient pas et nous ne possédons pas les moyens d'expliquer cette contradiction, d'en indiquer les causes. Nous avons voulu seulement démontrer que la lettre ministérielle du 28 mars 1908 n'exprime à aucun degré les opinions formulées, les décisions prises dans la séance de la Section d'archéologie du Comité des travaux historiques du 16 mars.

P. 79. — Sous la date du 29 mars 1908. — « En réponse à la lettre du 28, écrit M. Salomon Reinach, le commandant Espérandieu envoie un rapport de 30 pages. » — Si, en réponse à une lettre datée du 28, M. le commandant Espérandieu envoie, le 29 mars, un rapport de 30 pages, c'est que le rapport était déjà rédigé et tout prêt. Ce rapport, pourquoi M. le commandant Espérandieu, ne l'avait-il pas adressé à M. le Président de la Société des Sciences de

Semur, à qui précisément la Section d'archéologie du Comité le réclamait et qui, de son côté, le réclamait instamment à M. Espérandieu depuis quelque temps déjà ? Faut-il croire qu'attendant la lettre du 28 mars, il le tenait en réserve ?

P. 79. — Sous la date du 13 avril 1908. — M. Salomon Reinach reproduit, à peu près exactement, un passage du procès-verbal de la séance de la Section d'archéologie tenue ce jour-là. Ce procès-verbal se termine ainsi : « Le Ministre de l'Instruction publique, qui subventionne les fouilles d'Alesia, ne renonce pas à son droit de demander des rapports périodiques au savant qu'il a désigné, d'accord avec la Société des Sciences de Semur, pour la direction des travaux ».

Ce paragraphe appelle deux observations : 1° Il ne se concilie guère avec le procès-verbal de la séance du 16 mars, où le rapport sur les fouilles de 1907 était réclamé à la Société des Sciences de Semur et où l'envoi de ce rapport était proclamé la condition nécessaire de l'octroi d'une nouvelle subvention ; — 2° Il contient une erreur formelle : M. le commandant Espérandieu n'a jamais été désigné par le Ministre de l'Instruction publique pour diriger les fouilles d'Alesia ; il n'existe nulle part ni un arrêté ni même une simple lettre stipulant officiellement une telle désignation. Nous le répétons encore une fois : ni le Comité, ni le Ministre lui-même n'ont qualité pour désigner le directeur de fouilles entreprises par une Société savante de province.

P. 81. — Sous la date du 10 septembre 1908. — Faisant allusion à la réunion annuelle de la Société des Sciences de Semur à Alise, réunion que présida M. G. Ferrero, M. Salomon Reinach cite un passage du discours de M. le Dr Simon : « La richesse archéologique du Mont Auxois est démontrée et cette démonstration est l'œuvre de la Société des Sciences de Semur et de M. Pernet : *sans la première et sans le second on peut dire que les fouilles d'Alesia n'existeraient pas* » (italiques dans le texte), puis il ajoute : « L'omission de tout

hommage au commandant Espérandieu est diversement
appréciée ».

Une fois de plus, M. Salomon Reinach a cité incomplète-
ment le texte qu'il avait sous les yeux et il en est résulté
une erreur grave. Dans ce passage de son discours, M. le
Dʳ Simon parlait des fouilles préliminaires exécutées sous
la seule direction de V. Pernet du 16 octobre au 29 décembre 1905, à une époque où il n'avait été encore question de
M. le commandant Espérandieu que très incidemment.

« M. Pernet, qui avait été le collaborateur du colonel Stoffel lors
des fouilles de 1861-1865, et qui était l'homme connaissant le mieux le
Mont Auxois, fut chargé de la direction de ces travaux préliminaires,
et les conduisit avec un rare bonheur, car « *toutes* » les tranchées qu'il
fit ouvrir, sans exception, mirent à découvert des ruines importantes.

« Comme l'écrivait alors M. Cunisset-Carnot, « Pas un coup de pio-
che donné par M. Pernet n'a été sans résultats, aucun n'est tombé sur
un coin vide ; partout des substructions, des rues, des colonnes, des
conduites ; ici un four, là un puits, les bases d'une scène, etc., etc. ».

« La richesse archéologique du Mont Auxois était démontrée, et cette
démonstration était l'œuvre de la Société des Sciences de Semur et de
M. Pernet : *sans la première et sans le second, on peut dire que les fouilles
d'Alise n'existeraient pas* » (1).

Replacée dans l'ensemble du discours de M. le Dʳ A. Simon, la phrase incriminée se rapporte uniquement au succès des fouilles préliminaires de 1905. Reprocher au Dʳ Simon de n'avoir pas cité le nom de M. le Commandant
Espérandieu à propos de fouilles auxquelles il n'a pris
aucune part, c'est prouver qu'on a mal lu ou qu'on n'a pas
lu le discours ou bien c'est vouloir que le commandant
Espérandieu soit nommé à tout propos et même hors de
propos quand il s'agit des fouilles d'Alesia.

Quant au commentaire de M. Salomon Reinach : « L'omission de tout hommage au commandant Espérandieu est
diversement apprécié », il est d'une haute fantaisie : car les
personnes qui assistaient à la réunion du 10 septembre 1908
et qui ont entendu le discours de M. le Dʳ Simon ont toutes

(1) *Bulletin de la Société des Sciences de Semur*, t. XXXVI (1908-1909),
p. LXXXV ; *Pro Alesia*, 3ᵉ année (1908-1909), p. 462.

compris qu'il s'agissait, dans ce passage, des sondages de 1905, auxquels M. le commandant Espérandieu n'a été en rien mêlé.

P. 81. Sous les dates du 9 juillet et du 15 octobre 1908. — M. Salomon Reinach mentionne les discussions qui ont eu lieu à la Société des Sciences de Semur, lorsque M. le Cᵗ Espérandieu eut été remplacé par Victor Pernet comme directeur des fouilles. A ces discussions prirent part, en faveur de M. le Cᵗ Espérandieu, M. A. Vialay, M. R. Meinadier, et M. le Dʳ Epery ; en faveur de la décision prise, M. le Dʳ Simon, président, MM. Matruchot et Testart, vice-présidents. M. S. Reinach omet de signaler quel fut l'épilogue de cette discussion. Il nous paraît indispensable de combler cette lacune : d'abord à la fin de la séance du 15 octobre, la conduite de la Commission des fouilles, qui avait pris l'initiative de confier à V. Pernet la direction des fouilles abandonnée par M. le Cᵗ Espérandieu, fut approuvée à une forte majorité (1) ; ensuite et surtout, la Société des Sciences se trouvant appelée le 14 janvier 1909 à renouveler son Conseil d'administration pour la période triennale 1909-1912, voici quel fut le résultat de l'élection. Sur 112 votants, les membres sortants obtinrent de 108 à 96 voix ; en particulier, M. le Dʳ Simon fut élu par 108 voix, M. Testart, par 106 ; M. Matruchot, par 105. Quant aux membres de la Société, qui avaient critiqué l'attitude prise envers M. le Cᵗ Espérandieu, M. Vialay obtint onze voix, M. Meinadier, sept voix, et M. le Dʳ Epery, quatre voix.

A la suite de ce vote, l'assemblée adopta à l'unanimité l'ordre du jour suivant :

La Société des Sciences de Semur,
Après avoir entendu à diverses reprises les explications du
Bureau et de la Commission des fouilles sur leurs actes et
leur gestion ;

---

(1) *Bulletin de la Société des Sciences de Semur,* t. XXXVI (1908-1909), p. xvcιιι.

En présence des magnifiques résultats obtenus pendant les quatre années qui viennent de s'écouler ;

Exprime au Bureau sortant et à la Commission des fouilles ses félicitations et ses remerciements ;

Et d'autre part,

Désireuse d'éviter le retour de polémiques et de discussions stériles et sans intérêt et estimant qu'il y a lieu pour la Société de consacrer toutes ses séances au travail scientifique qui est son but et sa raison d'être ;

Décide qu'à l'avenir aucun incident ne pourra être soulevé ni aucune discussion entamée au sujet de la gestion du Bureau sortant, et des actes de la Commission des Fouilles jusqu'à ce jour,

Et renouvelle enfin à la Commission des fouilles la confiance qu'elle lui a témoignée jusqu'ici (1).

Le résultat des élections au Conseil d'administration et le vote de cet ordre du jour ont été la conclusion du débat qui avait eu lieu devant la Société pendant plusieurs séances de l'année 1908 (9 juillet, 15 octobre, 12 novembre, 10 décembre). La Société, ayant entendu le pour et le contre, les partisans et les adversaires de la décision qui avait été prise envers M. le C[t] Espérandieu, a approuvé par un vote presque unanime la gestion de son Bureau, lui a renouvelé sa confiance et a formellement proclamé qu'elle tenait l'incident pour définitivement clos. Elle avait entendu, comme on dit, les deux sons de cloche. Ses décisions méritaient donc d'être signalées dans des *Ephémérides* d'Alesia. Elles y sont totalement passées sous silence.

P. 82. Sous la date du 1er décembre 1908. — M. Salomon Reinach, après avoir cité une lettre où Matruchot déclare que le C[t] Espérandieu a voulu débarquer la Société des Sciences de Semur de son entreprise alésienne et que la Société n'a pas voulu déguerpir de chez elle, ajoute que cette suspicion n'est appuyée sur aucun fait. Il y a là une erreur

(1) *Bulletin de la Société des Sciences de Semur*, t. XXVI, (1908-1909), p. cxl et suiv.

manifeste. En 1907 et surtout en 1908, plusieurs faits prouvèrent au contraire que la Société des Sciences était de plus en plus menacée de n'être plus maîtresse chez elle, de perdre la direction de ses propres affaires, et de s'entendre dire un beau jour, à propos des fouilles d'Alise :

« La maison est à moi ; c'est à vous d'en sortir ».

Que ce fût à l'occasion d'une caravane scolaire à Alesia, décidée par le Comité de tourisme scolaire du Touring-Club et organisée par Matruchot, que ce fût à propos d'une participation éventuelle de la Société des Sciences de Semur et de l'œuvre des fouilles d'Alesia à une exposition francoanglaise, qui devait avoir lieu à Londres, M. le C¹ Espérandieu se plaignait sans cesse de ne pas être toujours et partout le seul à agir et s'efforçait d'écarter les représentants légitimes de la Société des Sciences de Semur et de son œuvre. Ces exigences et cette attitude de M. le C¹ Espérandieu lui attirèrent une longue lettre de Matruchot, en date du 26 mars 1908.

Dans cette lettre, Matruchot rappelait à M. le C¹ Espérandieu qu'il n'était pas du tout dans l'œuvre des Fouilles d'Alise, qu'il avait le grand tort de n'y voir que lui-même et lui seul ; que, dès le début des fouilles, il avait trouvé parmi les membres de la Société de Semur, des collaborateurs dévoués, désintéressés, qui lui réservaient tout le profit scientifique de l'œuvre entreprise sur le Mont Auxois ; que de ces collaborateurs il avait pris ombrage et qu'il n'avait pas eu pour eux les égards qu'ils méritaient ; et que le jour où il voudrait bien songer, non seulement à son amour-propre, mais encore à celui de tous ses collaborateurs, un grand pas serait fait vers la conciliation.

Trois jours après avoir reçu cette lettre, M. le C¹ Espérandieu, qui l'année précédente avait adressé directement à M. le Président de la Société des Sciences de Semur son rapport sur les Fouilles de 1906, envoyait au Ministre de l'Instruction publique son rapport sur les Fouilles de 1907 et n'en transmettait qu'une copie au président de la Société des Sciences de Semur. Cette copie débutait ainsi : « J'ai l'honneur de vous adresser une copie du Rapport, qui m'a été demandé par le ministère de l'Instruction publique, sur la seconde campagne de fouilles d'Alesia ». Rappelons quelques dates significatives : la lettre du Ministre de l'Instruction publique, demandant ce rapport à M. le C' Espérandieu, est datée du 28 mars 1908 ; c'est le lendemain 29 mars que le rapport, de trente pages, est envoyé ; et c'est le 31 mars que la copie de ce même rapport est expédiée à M. le président de la Société de Semur. Il est impossible de ne pas conclure de ce rapprochement de dates que tout était préparé, nous allions dire machiné d'avance.

La décision, prise par M. le C' Espérandieu, d'adresser son second rapport directement au Ministre, se justifie à ses yeux par la demande qui lui avait été adressée dans la lettre du 28 mars.

Etant donnée la situation, qu'aurions-nous fait à la place de M. le C' Espérandieu ? Celui-ci a déclaré qu'il n'avait qu'à obéir au Ministre. Nous aurions agi autrement. Ou bien nous aurions fait observer respectueusement au Ministre que c'était la Société des Sciences de Semur qui nous avait chargé de la direction scientifique des fouilles entreprises par elle sur le Mont Auxois, et nous lui aurions demandé l'autorisation de lui adresser notre rapport par l'intermédiaire du président de cette Société. — Ou bien nous aurions fait savoir au Président de la Société des Sciences de Semur que le Ministre nous prescrivait de lui adresser directement notre rapport et nous lui aurions demandé s'il n'y voyait aucun inconvénient, puisque, désigné par la Société de Semur, nous estimions que ce rapport devait être envoyé d'abord au président de la Société ; d'où il résultait que seul il pouvait nous permettre de ne point user de son intermédiaire.

Quoi qu'il en soit, l'envoi direct et immédiat au Ministre du rapport de M. le C' Espérandieu démontra à la Société des Sciences de Semur que cet officier voulait désormais se considérer comme dépendant directement du Ministère de l'Instruction publique et justifie parfaitement, contre l'opinion de M. S. Reinach, les termes de la lettre de Matruchot.

Et d'autre part, c'est à M. Salomon Reinach que nous emprunterons la conclusion de cet incident. Il a écrit lui-même dans la *Revue archéologique* (1).

« ... Une Société archéologique de province a fait choix d'un de ses membres et a commencé des fouilles ; ces fouilles donnent de bons résultats ; la Société s'adresse à la Direction des Beaux-Arts pour obtenir un subside afin de continuer le travail. Qu'arrive-t-il alors ? Un architecte officiel peut être chargé non pas d'aider et d'éclairer l'archéologue, mais de se substituer à lui ; la Société de province est alors purement et simplement évincée ; de grosses dépenses sont faites souvent sans utilité, malgré les réclamations des premiers explorateurs, qui voient agrandir outre mesure leur modeste chantier, parce que « ces Messieurs de Paris » veulent en faire à leur tête et n'ont pas besoin de l'expérience d'autrui, acquise à grand'peine sur le terrain. Rien de plus décourageant pour l'archéologie provinciale que cette espèce de confiscation de ses succès.

« On m'arrête pour me dire : « Avez-vous des exemples à citer ? » Oui, certes ; mais je ne veux prononcer pour le moment aucun nom ni de localité, ni de personne ; je me tiens sur le terrain de la théorie ; parmi mes lecteurs, si j'en trouve, il y en a quelques-uns qui feront sans peine les applications ».

Eh oui ! M. Salomon Reinach, parmi vos lecteurs il y en a qui peuvent faire sans peine des applications de votre théorie, et des applications auxquelles vous ne songiez certainement pas. Bien qu'elle comptât parmi ses membres Victor Pernet, qui avait fait à plusieurs reprises ses preuves comme fouilleur, la Société des Sciences de Semur, avec une modestie dont on ne lui a su aucun gré, a prié les savants compétents de lui désigner, pour les fouilles qu'elle entreprenait sur le Mont Auxois, un directeur scientifique. Vous le savez bien, M. Salomon Reinach, puisque vous avez été l'un de ces savants. Mais elle n'a pas voulu *se laisser évincer*

(1) Ann. 1923, II, p. 333.

purement et simplement, elle n'a pas voulu *se laisser confis-
quer ses succès*. C'est vous-même qui nous fournissez les
formules exactes, le plus adéquates à la réalité des faits.

P. 82. — Sous la date janvier-avril 1909. — M. Salomon
Reinach rappelle qu'il a écrit dans la *Revue archéologique*
(année 1909, I, p. 174) : « La période scientifique des fouilles
d'Alésia commence et finit avec la trop courte direction [du
C¹ Espérandieu] ». A l'heure où la phrase fut écrite, elle
était déjà d'une inexactitude et d'une injustice flagrante ;
c'est accentuer encore cette inexactitude et cette injustice
que de la reproduire dans un article daté de la fin du mois
d'août 1924.

Au début de l'année 1909, la Section d'archéologie du
Comité des travaux historiques et scientifiques et l'Académie des Inscriptions et Belles-Lettres, dont M. Salomon
Reinach était membre, avaient été informées des découvertes
très importantes faites sur le Mont Auxois au cours des fouilles dirigées par Victor Pernet en 1908, depuis le départ de
M. le Commandant Espérandieu : on avait dégagé, au nord
du Forum et du Monument aux trois absides, deux édifices
dont les façades étaient ornées de colonnes ; plus loin vers
l'est on avait fouillé une cave où l'on avait découvert une
statue intacte de déesse-mère, que le propre neveu de M. Salomon Reinach, Ad. Reinach, devait commenter longuement
dans *Pro Alesia* ; au-delà de cette cave, on avait atteint le
Monument à crypte, et on y avait recueilli, entre autres
objets, le vase de bronze portant la dédicace à Ucuetis et
Bergusia, document d'une grande importance qui fut signalé
à l'Académie des Inscriptions et Belles-Lettres par Héron
de Villefosse dans la séance du 11 septembre 1908. L'étude
d'Adolphe Reinach sur « La nouvelle Déesse-Mère d'Alesia »
commença dans le numéro de *Pro Alesia* daté d'octobre-
novembre 1908 ; elle se poursuivit dans les numéros de
décembre 1908, de janvier-février 1909 ; sans doute elle
n'était pas terminée lorsque M. Salomon Reinach publia la
phrase que nous avons citée ; mais le fait même qu'elle était
entreprise aurait dû lui inspirer un peu plus de justice. La

campagne de fouilles, dirigée par Victor Pernet en 1908, l'emportait par ses résultats et par sa valeur scientifique sur les campagnes de 1906 et 1907.

Si, dès le début de 1909, il était contraire à la réalité d'affirmer que la période scientifique des fouilles d'Alesia avait commencé et fini avec la direction de M. le C¹ Espérandieu, la reproduction de cette erreur en 1924 se comprend d'autant moins qu'elle s'est trouvée réfutée par M. Salomon Reinach lui-même et par d'autres voix non moins compétentes. En effet, à la Section d'archéologie du Comité des travaux historiques et scientifiques, dans sa séance du 12 juillet 1909, M. Salomon Reinach, à l'examen de qui avait été renvoyé le rapport adressé par M. le Dr Simon, président de la Société des Sciences de Semur, sur les fouilles de 1908, s'exprimait en ces termes : « *Il résulte du rapport et des documents qui l'accompagnent que les recherches ont été conduites avec soin et dans un esprit scientifique, comme on pouvait l'attendre de M. Pernet, le vétéran infatigable des fouilles d'Alesia* » (1). Le 11 décembre 1911, M. Camille Jullian propose au Comité « *d'imprimer dans son intégralité le mémoire de M. Toutain sur les fouilles d'Alesia* ». Il loue la précision de ce rapport, note les indications nouvelles qu'il renferme sur les huttes gauloises et les puits, et termine son rapport en constatant que « *les fouilles sont arrivées à des résultats utiles, non point seulement à la topographie d'Alesia, mais à la connaissance de la civilisation générale de la Gaule romaine et préromaine* ». (2) Le 15 janvier 1912, à propos d'un autre rapport de M. J. Toutain, M. Camille Jullian déclarait : « *Le Comité remerciera M. Toutain de ce rapport, d'une précision, d'une clarté, d'une conscience telles qu'on pouvait les attendre de lui. Il n'y a pas lieu de l'imprimer, puisqu'il est destiné aux publications de la Société de Semur. S'il en était autrement, malgré sa longueur, il ne pourrait que figurer dignement au Bulletin* » (3). Le 13 janvier 1913, M. Camille Julian formulait

(1) *Bullet. archéol.* du Comité, 1909, p. cxxx.
(2) Id. 1911, p. cxl et suiv.
(3) Id., 1912, p. vlii.

des conclusions favorables à une demande de subvention formée par la Société des Sciences de Semur, et le Comité décidait d'imprimer dans le *Bulletin archéologique* le rapport qui lui avait été adressé sur les fouilles de 1912. M. J. Toutain, qui avait été nommé, quelques mois auparavant, membre de la Section d'archéologie, était chargé de préparer ce rapport pour l'impression (1).

Il y a donc une contradiction évidente entre l'appréciation portée par M. Salomon Reinach sur la disparition du caractère scientifique des Fouilles d'Alesia dès 1908 et l'unanimité des témoignages donnés en faveur de ces fouilles par M. S. Reinach lui-même, par M. Camille Jullian, par la Section d'archéologie du Comité.

Comment alors expliquer que M. Salomon Reinach ait écrit cette phrase en 1909 et l'ait reproduite en 1924 dans ses *Ephémérides d'Alesia* ? La vérité est que cette phrase est moins la constatation d'un fait que l'expression d'un vœu d'abord, d'un regret ensuite. Le récit des incidents, qui ont provoqué la rupture entre la Société des Sciences de Semur et M. le Cʳ Espérandieu, avait été fait à Paris en des termes tels que l'on espérait détourner tout archéologue, tant soit peu compétent, d'accepter une situation et d'assumer un rôle que l'on prétendait impossibles à tenir sans se heurter à des difficultés que l'on affirmait insurmontables. On alla jusqu'à dire : « Personne n'osera ». Deux hommes pourtant ont osé, Victor Pernet à Alise Sainte Reine, M. J. Toutain à Paris. On ne leur a pas pardonné leur audace. Lorsque, à l'appel de son camarade et ami Matruchot, M. J. Toutain, qui s'était entretenu de toute l'affaire avec ses maîtres et amis, MM. Cagnat, Héron de Villefosse, Babelon, Camille Jullian, eut pris la résolution ferme de donner sa collaboration à la Société des Sciences de Semur et aux fouilles dont elle avait pris l'initiative sur le Mont Auxois, il reçut des lettres dans lesquelles on s'efforçait de le faire revenir sur sa décision. Il n'en tint aucun compte. On lui en a toujours voulu et on lui en veut encore. Voilà pourquoi

(1) *Bull. archéol.* du Comité, 1913, p. XLIII.

M. Salomon Reinach affirme, contrairement aux faits, que la période scientifique des fouilles d'Alesia s'est trouvée close, lorsque M. le C¹ Espérandieu a cessé de diriger ces fouilles au nom de la Société de Semur.

P. 83. — Sous la date 1ᵉʳ juin au 15 octobre. — M. Salomon Reinach expose dans quelles conditions M. le C¹ Espérandieu et M. le docteur Epery ont entrepris les fouilles de la Croix Saint Charles. « Les Musées d'Alise et de Saint Germain en ont profité, ajoute-t-il ». Nous verrons plus loin dans quelle mesure le Musée municipal d'Alise en a profité. Ici nous voulons signaler seulement une lacune importante dans le récit de M. Salomon Reinach. Voici ce que nous trouvons dans le procès-verbal officiel de la séance tenue le 12 mai 1909 par le Conseil municipal d'Alise :

« M. le Dʳ Epery, en prévision des fouilles particulières qu'il se propose de faire exécuter sur la partie Est du Mont Auxois (1), demande au Conseil municipal l'autorisation de déposer au Musée communal rous *(2) les objets qui pourront être trouvés dans ces fouilles.*

« Le Conseil accepte avec reconnaissance la proposition de M. le Dʳ Epery ».

La reconnaissance du Conseil était prématurée ; car la proposition de M. le Dʳ Epery ne fut pas suivie d'effet.

P. 84. — Sous les mêmes dates. — M. Salomon Reinach reproduit quelques passages d'un article paru dans *Pro Alesia* en 1909 :

« Des fouilles particulières viennent d'être entreprises à l'extrémité Est du plateau .... Sans aucun doute, elles donneront lieu à des découvertes intéressantes. Dès 1906, M. Pernet avait signalé ce point à l'attention de la Commission des Fouilles d'Alesia, qui avait demandé au propriétaire du champ et avait obtenu de lui pour l'avenir l'autorisation de pratiquer des fouilles sur son terrain ».

(1) C'est-à-dire au lieu dit La Croix Saint Charles.
(2) C'est nous qui soulignons ce mot.

Et plus loin :

« En 1906, le propriétaire du terrain, Fr. Guedeney, avait accordé
par écrit à la Société de Semur, à l'exclusion de tous autres, l'autorisation de pratiquer des fouilles dans sa propriété. Si depuis le terrain a
été vendu, il n'a pu l'être que grevé de la charge ci-dessus. Si la
Commission a laissé faire cette année des fouilles particulières, c'est
qu'elle l'a bien voulu ».

Et M. Salomon Reinach ajoute en note : « Des Éphémérides ne comportent guère d'observations critiques, encore
moins d'observations parénétiques (*sic*); mais les textes
transcrits ici se passent de commentaire ».

La question est de savoir si les faits, signalés par ces
textes, sont exacts. Ils le sont sans aucun doute.

Dès le mois de décembre 1898, au cours de fouilles qu'il
fit exécuter à La Croix Saint Charles et qui eurent pour
résultat la découverte de plusieurs conduites d'eau antiques,
V. Pernet écrivit dans son *Journal des Fouilles*, à la date du
28 décembre 1898, après la découverte d'un escalier dont
cinq marches s'étaient conservées : « *Il y a là un endroit à
explorer* » (1). Il renouvela cette indication dans ses *Notes
sur Alise et ses environs*, parues dans *Pro Alesia* 1906-1907),
p. 49 : « *Des fouilles pratiquées avec méthode sur ce point
seraient très intéressantes* ». Il est donc incontestable que
Victor Pernet avait aperçu le premier et signalé bien longtemps avant 1909 la richesse archéologique du lieu-dit La
Croix Saint Charles.

Quant à l'engagement pris par les propriétaires du Mont
Auxois de réserver à la Société de Semur, à l'exclusion de
tous autres, le droit de pratiquer des fouilles dans leurs terrains, en voici le texte original, conservé dans les archives
de la Société :

Alise Sainte Reine, le 13 août 1905.

« Les soussignés, propriétaires ou fermiers de parcelles de terres
situées sur la Montagne du Mont Auxois, autorisent, à l'exclusion de
tous autres, la Société des sciences historiques et naturelles de

_____

(1) *Pro Alesia*, N^{lle} Série, t. III, p. 47.

Semur, si dans l'avenir elle était disposée à faire des recherches dans
le Mont Auxois au point de vue de la science et de l'histoire d'Alise,
à pratiquer des fouilles dans leurs propriétés et à en profiter à ses
risques et périls.

« Les indemnités de dégâts et de récoltes seraient réglées amiablement entre cette Société et les propriétaires ou par voie d'experts
choisis amiablement sans appel ».

Suivent 71 (soixante et onze) signatures.

Les fouilles exécutées à La Croix Saint Charles par MM. le
C¹ Espérandieu et le D¹ Epery le furent dans les parcelles
289-291 et 293 de la section B du plan cadastral de la com-
mune d'Alise. Nous ne savons pas à qui elles appartenaient
en 1909 et 1910. Mais la parcelle 292 avait pour propriétaire un des signataires de l'engagement ci-dessus, qui voulut rester fidèle à sa parole et à sa signature. Une forte
pression fut faite sur lui pour l'amener à renier l'une et
l'autre. Afin de le soustraire à cette pression, M. le D¹ Simon,
président de la Société des sciences de Semur, acheta son
champ ; puis il offrit à MM. le C¹ Espérandieu et le D¹ Epery
de leur accorder l'autorisation d'y fouiller sous la seule condition qu'aucune attaque ne serait plus dirigée contre la
Société de Semur et ses fouilles d'Alesia. Cette proposition
fut repoussée avec hauteur.

Voilà les faits. Ce ne sont pas seulement des textes, et
nous nous rencontrons avec M. Salomon Reinach pour reconnaître, mais dans un autre sens que lui, que de tels faits se
passent de commentaires. Il est au moins un homme qui ne
pouvait ignorer l'engagement pris par les propriétaires de
terrains du Mont Auxois, c'est M. le D¹ Epery qui était maire
d'Alise au moment même où cet engagement fut signé en
août 1905, et qui avait été mêlé aux négociations entreprises
avec les propriétaires du Mont Auxois.

P. 85. — Sous la date du 1ᵉʳ août. — M. Salomon Reinach
mentionne que « Paul Deschanel, qui devait présider [la
réunion solennelle de la Société de Semur à Alesia], s'est
excusé ». Mais il oublie d'ajouter que la réunion fut présidée
par M. Camille Matignon, professeur au Collège de France

et qu'elle fut honorée de la présence de l'éminent historien Guglielmo Ferrero (1).

P. 86. — Sous l'indication générale de l'année 1910. — Série de lacunes graves concernant toutes l'œuvre de la Société des Sciences de Semur. Nous comblons ces lacunes par les indications suivantes :

29 mars 1910. — M. J. Toutain lit à la Section d'archéologie du Congrès des Sociétés savantes une communication sur les puits découverts et fouillés au Mont Auxois par la Société des Sciences de Semur. Cette communication est suivie d'observations présentées par MM. Adrien Blanchet, Maurice Prou, René Fage, Martial Imbert, membres du Congrès. M. Héron de Villefosse, qui présidait la séance, prie M. Toutain de transmettre à la Société de Semur, et spécialement à M. Pernet, les félicitations du Congrès pour ses intéressantes découvertes. La communication de M. Toutain a été publiée in-extenso dans le *Bulletin archéologique du Comité*, 1910, p. 161 et suiv.

M. S. Reinach ne signale ni la communication, ni l'intervention de M. de Villefosse, ni la publication du travail de M. Toutain dans le *Bulletin*.

Avril-octobre. — M. S. Reinach ne signale, de toute la campagne de fouilles exécutées cette année-là par la Société de Semur, que la découverte des excavations creusées dans le roc au lieu dit En Curiot. Il fait allusion au rapprochement établi par M. Toutain entre ces excavations et les caves des maisons gallo-romaines d'Alesia ; mais il ne cite ni M. Toutain ni l'étude consacrée par lui à cette question, et il donne une référence inexacte au *Bulletin Archéologique*, 1910, p. 326. A cette page du *Bulletin*, il n'y a pas un mot d'Alesia.

Ici encore, il nous faut combler la lacune. En 1910,

---

(1) M. Salomon Reinach date du 9 avril 1909 la publication dans la *Revue Scientifique* (Revue rose) de la conférence faite par M. J. Toutain à l'Association française pour l'Avancement des Sciences. C'est une erreur. La conférence fut prononcée au mois de janvier 1910 et publiée dans le n° de la *Revue Scientifique* du 9 avril 1910 (et non 1909).

outre les fouilles exécutées au lieu dit En Curiot, la Société
de Semur entreprit des recherches en divers points des lieux-
dits La Comme et Le Cimetière Saint Père : des conduites
d'eau, un puits de section rectangulaire, des fonds de huttes
gauloises creusés dans l'argile, un foyer de cheminée en
briques, une cave avec escalier tournant, des vestiges de
constructions romaines aux environs de l'hémicycle du
théâtre, furent alors découverts ; les abords du Monument
aux trois absides furent dégagés et la façade orientale,
percée de sept baies monumentales, suivie de bout en bout.
— De tout cela, pas un mot chez M. S. Reinach. La descrip-
tion de ces fouilles et de ces trouvailles occupe 28 pages
dans le *Rapport général* rédigé par M. J. Toutain sur les
fouilles de 1910. On avouera que la lacune est d'importance.

P. 87. — Sous la date du 18 septembre. — M. Salomon
Reinach écrit : « Le nouveau Musée Alesia (propriété de
la Société de Semur, distinct du Musée municipal) est inau-
guré par Dujardin-Beaumetz, sous-secrétaire d'Etat aux
Beaux-Arts ». Mais il passe complètement sous silence la
réunion solennelle de la Société qui eut lieu le même jour
sous la présidence de M. Dujardin-Beaumetz, et à laquelle
assistaient MM. G. Ferrero, Bienvenu-Martin, ancien
ministre de l'Instruction publique ; Chauveau, sénateur de
la Côte d'Or ; Gérard-Varet, professeur à la Faculté des
lettres de Dijon, etc. Qu'on nous permette de citer, pour
bien caractériser le sens des lacunes de M. Salomon Reinach,
l'hommage rendu par G. Ferrero à l'œuvre de la Société de
Semur :

*« Permettez moi .... de féliciter vivement la Société de
Semur pour la rapidité, l'esprit de suite et l'esprit d'écono-
mie avec lequel elle a accompli son œuvre. Ceux qui connais-
sent ce que coûtent en général les fouilles, ne peuvent que
féliciter la Société de Semur d'avoir obtenu de tels résultats
avec des sommes si minimes et souhaiter que son exemple soit
largement imité. Si partout où il y a des ruines, les forces
locales savaient s'organiser et agir comme elles l'ont fait à
Semur, les archéologues et les historiens n'auraient pas à se*

plaindre que tant de fouilles intéressantes soient négligées en toute l'Europe.

« Il est vrai qu'on ne pourrait partout trouver, comme on l'a fait ici, une Société capable de prendre la responsabilité morale de l'entreprise, un initiateur si ardent et si tenace comme le Dr Simon et un directeur des fouilles comme M. Pernet ....

« Permettez moi donc de vous féliciter que la France ait donné, dans ce petit coin d'une province, au milieu de populations agricoles, ce bel exemple que le reste de l'Europe ferait bien d'imiter ..... On fait beaucoup de bonnes et belles choses en France modestement, en silence, sans se vanter, en suivant cet instinct profond de la race, qui aime les choses belles et bien faites. Les fouilles d'Alesia sont une de ces belles choses faites en silence et avec discrétion; elles sont d'autant plus dignes de l'admiration universelle ».

Dans cette même réunion solennelle du 18 septembre 1910, M. Toutain donna lecture d'une communication sur « *Les divers âges de la vie antique à Alesia* ».

De tout cela. pas un mot dans les *Ephémérides* de M. S. Reinach.

P. 87-88. — Sous la rubrique : *Cette année (1910) ont paru*, M. Salomon Reinach cite quelques publications relatives à Alesia, mais il commet encore plusieurs omissions caractéristiques; il faut ajouter à la liste de M. S. Reinach :

J. Toutain, *Les Fouilles de la Société des Sciences historiques et naturelles de Semur sur le Mont Auxois en 1909 (Comptes-rendus de l'Académie des Inscriptions et Belles-Lettres, 1910)*;

J. Toutain, *Note sur les puits découverts à Alesia en 1909 (Bulletin archéologique du Comité, 1910)*;

J. Toutain, *12ᵉ Bulletin des Fouilles (Pro Alesia, juin 1910)*;

J. Toutain, *Les divers âges de la vie antique à Alesia (Pro Alesia, juillet-août 1910)*;

J. Toutain, *Mercure chevauchant un bélier (Pro Alesia, novembre-décembre 1910)*.

J. Toutain, *La situation topographique et l'alimentation en eau de la ville gallo-romaine d'Alesia* (Congrès de l'Association française pour l'avancement des Sciences tenu à Toulouse en août 1910).

M. Salomon Reinach, sans donner aucune référence précise, fait allusion à cette dernière étude en ces termes : « J. Toutain, au Congrès de l'A.F.A.S., essaie de montrer que les conduites d'eau retrouvées à des profondeurs diverses sur le plateau d'Alesia étaient destinées à l'écoulement des eaux de pluie ». M. J. Toutain n'a pas seulement *essayé* de montrer ; il a démontré, documents et faits précis à l'appui, que l'alimentation en eau d'Alesia était assurée par des puits et que les conduites de pierre, aujourd'hui connues, ne pouvaient servir qu'à l'écoulement des eaux de pluie.

P. 88. — Sous les dates 9 avril-fin octobre. — M. Salomon Reinach donne de la sixième campagne des fouilles de la Société de Sciences de Semur un résumé insignifiant, insuffisant et incomplet. Il mentionne en 3 lignes 1/2 la découverte de l'atrium monumental du monument à crypte ; il ne signale nullement l'originalité architecturale de cet atrium, orné de piliers carrés que surmontaient des chapiteaux d'un type tout à fait inédit ; quant aux autres parties du champ de fouilles et aux trouvailles de détail (fibule en bronze portant une inscription ; aiguille en bronze dont la tête est ornée d'un aigle ; moule de rouelle dans un rognon de silex), pas un mot.

D'ailleurs pour l'année 1911, les lacunes sont plus nombreuses encore, peut-être plus graves et plus significatives que pour 1910. Une fois de plus, nous sommes obligés de compléter les *Ephémérides*. Voici une première série de compléments.

12 avril 1911. — M. J. Toutain fait une communication à l'Académie des Inscriptions et Belles-Lettres, où il expose le résultat des fouilles exécutées en 1910 sur l'emplacement d'Alesia par la Société des Sciences de Semur. Il insiste en

particulier sur la découverte d'un ensemble d'habitations creusées dans le roc même, dont les escaliers, taillés parfois dans la roche vive, sont encore visibles.

18 avril 1911. — Au Congrès des Sociétés savantes tenu à Caen, M. le C' Espérandieu lit une communication sur les fouilles qu'il a fait exécuter à La Croix Saint Charles, sur le Mont Auxois, avec la collaboration de M. le D' Epery, en 1910.

21 avril 1911. — A ce même Congrès, M. J. Toutain lit une note sur l'origine des caves gallo-romaines d'Alesia, dans lesquelles il retrouve les anciennes excavations creusées par les Gaulois dans le sol même du Mont Auxois pour leur servir d'habitations.

31 juillet-6 août 1911. — Le congrès annuel de l'Association française pour l'Avancement des Sciences se tint à Dijon.

La présidence de la Sous-Section d'Histoire et d'Archéologie fut attribuée à M. le D' Simon, président de la Société des Sciences de Semur. Dans l'ouvrage en trois volumes, intitulé *Dijon et la Côte d'Or en 1911*, M. J. Toutain écrivit une étude d'ensemble sur *Alesia et les Fouilles de la Société des Sciences de Semur* ; MM. le C' Espérandieu et le D' Epery traitèrent des *Fouilles de La Croix Saint Charles*. A la séance d'ouverture du Congrès, M. Cailletet, président du comité local dijonnais, attira l'attention des congressistes sur l'excursion projetée à Alesia : « Vous éprouverez sans doute une vive curiosité à visiter Alise, dont les fouilles actuelles sont conduites avec une rare habileté par la Société des Sciences de Semur ». Le 4 août au matin, M. Toutain fit au Congrès une conférence avec projections lumineuses sur Alesia ; le même jour, dans l'après-midi, les congressistes parcoururent le Mont Auxois et visitèrent le Musée Alesia sous la conduite de MM. Matruchot, Pernot, Toutain. De tout cela, M. S. Reinach ne dit pas un seul mot.

P. 89. — Pour le mois d'août 1911, M. Salomon Reinach donne ce seul renseignement :

« *Une promesse de vente (5.000 fr.) assure au C' Espérandieu, qui n'a pas fait valoir ses droits, la propriété des ter-*

rains du Cimetière Saint-Père fouillés par la Société de Semur ».

Il y a, dans ces trois lignes, autant d'erreurs que de mots. D'abord il est faux qu'une promesse de vente assure à celui, en faveur de qui elle est consentie, la propriété de l'objet ou du terrain en question. Cette propriété ne lui est transmise que le jour où la promesse de vente est réalisée ; jusque-là elle continue d'appartenir à l'ancien possesseur.

En second lieu il est faux que M. le Commandant Espérandieu n'ait pas tenté de faire valoir ses prétendus droits.

La preuve en est dans la sommation suivante qui fut adressée à M. le président de la Société de Semur. Cette sommation, dont la gravité apparaîtra à tous les yeux, nous en possédons le texte depuis 14 ans. Nous ne l'avons pas divulguée, par déférence pour les savants qui ont cru devoir rester neutres dans le conflit qui a divisé la Société des Sciences de Semur et M. le Commandant Espérandieu. Mais puisque M. Salomon Reinach a cru devoir faire allusion à l'incident et puisqu'il a commis, à ce propos, des erreurs impardonnables, nous sommes obligés, pour rétablir la vérité, de donner le document in extenso. Le voici :

L'an mil neuf cent onze
Le onze septembre
A la requête de Monsieur le Commandant Espérandieu demeurant à Evreux,
J'ai, Albert Baudot, huissier près le Tribunal civil de Semur, demeurant à Venarey-les-Laumes, soussigné
Signifié et déclaré à Monsieur le Docteur Adrien Simon, demeurant à Semur, en son domicile où étant et parlant à sa personne
En sa qualité de Président de la Société des Sciences de Semur et de la Commission des fouilles d'Alise,
Et par exploit séparé à d'autres
Que, suivant acte reçu par Me Clément, notaire à Venarey-les-Laumes, le vingt août mil neuf cent onze, enregistré, M. Paul Lapipe, propriétaire, et Madame Eugénie Séné, son épouse, demeurant à Alise Sainte Reine, ont loué à M. le

Commandant Espérandieu, pour trois ou cinq années devant commencer le premier octobre mil neuf cent onze : I. Une pièce de terre sur Alise Sainte Reine, lieu dit « Cimetière Saint-Père » : section B n°ˢ 633, 634 et 635, de la contenance d'environ un hectare soixante-quinze ares. Cette propriété a été pour la plus grande partie fouillée par la Société des Sciences de Semur.

II. Tous les objets trouvés au cours des fouilles pratiquées dans la propriété des époux Lapipe-Séné, avec le droit d'en exiger la remise et d'en donner décharge valable aux noms des bailleurs et l'ont subrogé dans leurs droits pour exiger de la Société la remise des terrains affermés en bon état de culture à la fin de sa jouissance qui expire au plus tard le premier octobre mil neuf cent onze et obtenir d'elle tous dommages-intérêts en cas de retard et de mauvaise exécution des travaux.

Que la location entraînant la jouissance des objets trouvés au cours des fouilles, le requérant a le droit de faire exécuter toutes photographies ou reproductions des objets trouvés et à éditer toutes cartes postales, et qu'en vertu du bail qui lui confère un véritable monopole, il pourra interdire l'usage abusif qui a pu être fait de ses droits par des tiers. Qu'il entend jouir des droits qui lui ont été conférés par le bail sus-énoncé à partir du premier octobre prochain.

C'est pourquoi j'ai, huissier soussigné, à même requête que dessus, fait sommation au sus-nommé ès qualité en parlant comme ci-dessus :

1° D'avoir à rétablir la pièce de terre sur Alise Sainte Reine lieu-dit « Le Cimetière Saint-Père » de la contenance d'un hectare soixante-quinze ares dans son état primitif de culture, c'est-à-dire de remblayer les parties fouillées, en plaçant les pierres au fond et les couches de terrain dans leur ordre primitif, de façon que la terre végétale soit à la surface sur une épaisseur égale à celle existant primitivement et que le nivellement soit régulier et cela d'ici le premier octobre prochain, date de la cessation de sa jouissance ;

2° D'avoir à cesser immédiatement la vente des cartes postales et des reproductions des objets trouvés.

Le tout à peine de dommages-intérêts en cas de retard ou de mauvaise exécution des travaux.

La présente sommation étant faite conformément au contenu de la lettre recommandée que le requérant a écrite au dit M. Simon ès qualité le vingt et un août dernier.

Sous les réserves les plus expresses de tous les autres droits et actions.

Ajoutant le requérant que lui et M. et Madame Lapipe, ses bailleurs, attachent de l'importance aux monuments découverts et que le remblai de certaines parties doit être fait avec les plus grandes précautions, leur intention étant de faire classer plus tard ces parties comme monuments historiques.

Qu'ils se réservent de faire constater dans ce but l'état des substructions existantes afin de pouvoir établir les responsabilités le cas échéant.

Et j'ai au sus nommé, à domicile et parlant comme ci-dessus laissé sur une feuille de timbre spécial à un franc vingt centimes.

Coût douze francs quatre-vingt-quinze centimes.

Signé : A. BAUDOT.

Tel est le document. Relevons d'abord une autre erreur de M. Salomon Reinach : le contrat invoqué n'est pas une promesse de vente, mais une location. A la date du 20 août 1911, M. le Commandant Espérandieu voulut louer à M. et Mme Lapipe-Séné les terrains que la Société des Sciences de de Semur louait depuis 1906 et Me Clément, notaire à Venarey-les-Laumes, dressa un acte de location. En possession de cet acte, qu'il jugeait valable, M. le Commandant Espérandieu, par l'organe de M. A. Baudot, huissier au même lieu, fit sommation à M. le Dr Simon, comme président de la Société des Sciences de Semur, de remblayer les parties fouillées en la propriété visée, de rétablir la dite propriété dans son état primitif de culture et de procéder à un nivellement régulier. Laissons de côté l'article relatif à la vente des cartes postales et des reproductions des objets trouvés. Le fait brutal, c'est que M. le Commandant Espéradieu, correspondant de l'Institut, membre non résidant du Comité des travaux histori-

ques et scientifiques, faisait sommation à une Société savante
de province d'avoir à détruire, en trois semaines, du 11 septembre au 1er octobre 1911, une œuvre archéologique de
près de six années. Sans doute, à la fin de la sommation,
il annonçait l'intention de faire classer plus tard certaines
parties de cette œuvre comme monuments historiques. Mais
alors il aurait fallu les déblayer de nouveau, refaire une
seconde fois le travail qui avait été fait et très bien fait, de
l'avis des juges les plus compétents, de 1906 à 1911.

Nous ne voulons pas juger nous-mêmes une telle sommation ; nous la soumettons au jugement de tous les hommes de bonne foi et de sens droit. Ce que nous pouvons dire
du moins, c'est que M. Salomon Reinach commet une singu-
lière erreur, quand il affirme que M. le Commandant Espérandieu n'a pas fait valoir ses droits, ses prétendus droits.

Si étrange, si inattendue qu'elle fût, la sommation ne
provoqua nulle émotion ni chez M. le Dr Simon, ni à la
Commission des Fouilles d'Alesia ni parmi les membres de
la Société de Semur. Toutes précautions avaient été prises,
dès le mois de février 1909, parce que dès cette date la
Société de Semur avait su qu'on essayait de l'évincer du
champ Lapipe-Séné et de lui contester la propriété des objets
trouvés.

En ce qui concerne la propriété des objets trouvés, propriété qui était contestée à la Société de Semur dans la sommation, puisqu'il est dit dans le texte de ladite sommation
que les propriétaires bailleurs des terrains fouillés ont
transmis à M. le Commandant Espérandieu le droit d'exiger la remise des objets et d'en donner décharge en leur
nom, Matruchot avait consulté M. Planiol, professeur à la
Faculté de droit de Paris. M. Planiol lui répondit par la
lettre suivante :

Monsieur,

J'ai pris connaissance des actes en date du 15 septembre 1906 et du
3 décembre 1908, signés par M. Lapipe-Séné, que vous m'avez communiqués. Il me semble que ces actes impliquent l'intention des propriétaires d'abandonner à la Société qui a entrepris les travaux tout
le produit des fouilles, le propriétaire ne s'étant pas réservé autre

chose que la valeur des récoltes perdues et la réparation des dégâts qui pourraient être commis. Bien que la chose ne soit pas clairement expliquée, l'intention des parties ne peut pas être interprétée autrement, le propriétaire savait à quoi s'en tenir; la qualité même des personnes qui traitaient avec lui lui apprenait nécessairement qu'on faisait ces travaux pour enrichir des collections scientifiques. A mes yeux la question d'interprétation ne peut pas être l'objet d'un doute sérieux.

Veuillez agréer, Monsieur, mes sentiments les plus distingués.

H. Planiol.

D'autre part, la Société de Semur avait consulté un de ses membres les plus compétents en matière juridique, M. Claude Couhin, officier de la Légion d'honneur, docteur en droit, avocat à la cour d'appel de Paris, membre de la Commission technique de l'office National de la Propriété industrielle, pour qui les questions de propriété n'avaient pas de secrets. De la consultation qu'il remit à la Société, les passages suivants sont significatifs:

« Je raisonne d'après les papiers signés Lapipe-Séné. Pour les objets mobiliers, tels que médailles, vases, etc., pas de difficulté.

« La Société en a la propriété.

« A mes yeux pas de question ».

Puis, après avoir indiqué que les édifices ou portions d'édifice déblayés font corps avec les champs loués, qu'ils en sont inséparables et que, dans le cas où la Société de Semur rendrait un jour les champs à leur propriétaire, elle n'aurait plus aucun droit sur ces édifices, M. Couhin reproduisait l'avant-dernière phrase du contrat : « Les conventions ainsi faites ne sont valables que pour un an ; mais je consens à ce qu'elles soient renouvelées d'année en année, pendant autant de temps que la Société le jugera nécessaire ».

Et il ajoutait :

« Ceci est capital.

« De par cette clause, la Société est constituée seule juge de la durée du contrat.

« Cette durée peut donc être indéfinie, à la condition bien entendu que la Société continue à payer à Lapipe-Séné ou à ses ayants droit une indemnité annuelle de 140 fr. par journal.

« De sorte qu'en résumé il dépend de la Société de donner au contrat le caractère d'une vente ou cession de la toute propriété des champs moyennant une rente perpétuelle.

« Sans aller jusque là, je ne vois pas comment Lapipe-Séné pourrait vous empêcher d'occuper ces champs et d'en faire ce que vous voudrez aussi longtemps que vous vous déclarerez prêts à lui verser l'indemnité annuelle stipulée.

« Telle est, si je me trompe la situation.

« Un contrat précis et clair vaudrait mieux évidemment; mais enfin j'estime que vous avez une sécurité complète à la condition de payer annuellement 140 fr. par journal occupé ».

Forte de cette double consultation, la Société de Semur et son président reçurent sans la moindre inquiétude la sommation qui leur était signifiée, au nom de M. le Commandant Espérandieu, par M° A. Baudot, huissier à Venarey-les-Laumes.

Puis, avant même la date du 1ᵉʳ octobre 1911, versement fut fait par ministère d'huissier à M. Lapipe-Séné de la somme représentant le prix de location des terrains occupés par la Société. M. Lapipe-Séné refusa de recevoir la somme. Elle fut alors déposée, toutes formalités utiles remplies, à la Caisse des Dépôts et Consignations. Pendant plusieurs semaines, M. Lapipe-Séné persista dans son attitude, ce qui prouve bien qu'on s'obstinait à essayer de faire valoir les prétendus droits de M. le Commandant Espérandieu. Lorsqu'on fut convaincu que toutes ces manœuvres étaient sans effet, M. Lapipe-Séné se décida à retirer son argent de la Caisse des Dépôts et Consignations, en payant tous les frais de l'opération.

Si donc la Société de Semur n'a pas été expulsée le 1ᵉʳ octobre 1911 des terrains qu'elle fouillait, ce n'est pas parce que M. le Commandant Espérandieu n'a pas fait valoir ses droits, comme le prétend M. Salomon Reinach; c'est parce que le contrat qu'il avait signé le 20 août avec M. Lapipe-Séné n'était point valable contre la Société.

Nous reprenons l'exposé des lacunes des *Éphémérides* pour l'année 1911.

24 septembre 1911. La Société des Sciences de Semur tient sa réunion solennelle à Alesia, sous la présidence de M. Stephen Liégeard, président de la Société nationale d'encouragement au bien. M. le comte de Franqueville,

membre de l'Institut, M. le Dr Chauveau, sénateur de laCôte
d'Or; MM. les colonels Frocard et de Virieu assistaient à la
réunion. M. J. Toutain y lut une communication sur *Les
Poteries antiques d'Alesia*: à la fin de cette lecture, il fit allusion à la sommation que la Société des Sciences de Semur
venait de recevoir et il affirma, en réponse à cette attaque,
que la Société saurait se défendre et même attaquer, car
elle était armée, « armée juridiquement, armée moralement,
armée scientifiquement » (1).

Et M. le Dr Simon, dans le discours qu'il prononça pour
clore la réunion, après avoir rappelé l'œuvre de Victor Pernet
et de tous ses collaborateurs, s'écria: « Il est vraiment
temps, Messieurs, d'expulser du Mont Auxois tous ces hommes de cœur et de dévoument, et de leur ravir l'œuvre qu'ils
ont créée, qu'ils ont soutenue par leurs sacrifices et leur per-
sévérant labeur, et dont ils ont, par leurs inlassables efforts,
assuré le succès. C'est là une grande et belle tâche digne de
tenter une âme noble et généreuse. Honneur à qui s'efforcera
d'accomplir un si glorieux exploit! » (2). De tout cela, pas
un mot dans les *Ephémérides* d'Alesia.

21 décembre 1911. — M. J. Toutain fait, à l'Assemblée
générale de la Société française des Fouilles archéologiques,
présidée par M. E. Babelon, membre de l'Institut, une conférence sur *Alesia avant le siège de l'an 52*. M. S. Reinach
ne mentionne pas cette conférence.

P. 89. Avant d'aborder l'année 1912, M. Salomon Reinach
cite les publications de l'année 1911 relatives à Alesia. Il
mentionne uniquement: Espérandieu, *Les Fouilles d'Alesia*
(Croix Saint-Charles), notice sommaire. Le Hàvre, 1er août;
— Alex. Bérard, sénateur de l'Ain, *Alesia*, 2e éd., Bourg (iden-
tification avec Izernore).

Il oublie ou il néglige ou il ignore :

J. Toutain, *L'origine des caves gallo-romaines d'Alesia.*
(*Bulletin archéologique du Comité*, 1911).

---

(1) *Bulletin de la Société des Sciences de Semur*, t. XXXVII (1910-1911),
p. ccviii.

(2) *Id., Ibid.*, p. ccxiv.

J. Toutain, *Les habitations gauloises découvertes à Alesia en 1910 par la Société des Sciences historiques et naturelles de Semur* (*Comptes-rendus des séances de l'Académie des Inscriptions et Belles-Lettres*, 1911).

J. Toutain, *Alesia. Les Fouilles de la Société des Sciences de Semur*. (Extrait de l'ouvrage, *Dijon et la Côte d'Or en 1911*, publié par l'Association française pour l'avancement des Sciences, à l'occasion du Congrès de Dijon en 1911).

Henry Barbe, *La civilisation de Hallstatt au Mont Aussois* (*Pro Alesia*, 1911).

Cᵗ Espérandieu et Dᵣ Epery, *Alesia. Les Fouilles de la Croix Saint Charles* (Extrait de l'ouvrage, *Dijon et la Côte d'Or en 1911*, etc.).

Autres omissions de M. Salomon Reinach pour 1911. — A l'Exposition internationale archéologique de Rome, qui se tint cette année-là dans les Thermes de Dioclétien, la Société des Sciences de Semur et l'œuvre des Fouilles d'Alesia furent représentées par une vitrine, dont le plan fut dessiné par M. l'architecte Chaussemiche et qui contenait les moulages et photographies des monuments les plus importants découverts sur le Mont Auxois : entre autres le bas-relief de la Triade Capitoline, la statue de la Mater, le seau, l'Epona en pierre, le vase de bronze portant la dédicace au couple divin Ucuetis et Bergusia, trouvé dans le Monument à crypte, etc.

22 décembre 1911. — M. J. Toutain expose à l'Académie des Inscriptions et Belles-Lettres les résultats de la sixième campagne de fouilles effectuée par la Société des Sciences de Semur sur le Mont Auxois.

P. 89-90. — Sous la date 25 mars-7 novembre, M. Salomon Reinach ne donne qu'un résumé tout à fait incomplet et par endroit inexact de la septième campagne de fouilles de la Société de Semur. Il ne dit mot des nombreuses découvertes faites entre le 25 mars et le mois de septembre. L'exposé de ces découvertes n'occupe pas moins de 17 pages dans le rapport qui fut adressé par M. J. Toutain à la Section d'archéologie du Comité des Travaux historiques et qui fut publié dans le *Bulletin archéologique* de 1913, p. 374 et suiv. Pendant cette première partie de la campagne, Victor Pernet fit déblayer méthodiquement, sur une longueur de 13^m50, une des principales rues d'Alesia ; il en reconnut le mode de construction ; il fouilla au lieu dit En Curiot de nouvelles excavations creusées dans le roc, dont l'une se compose de trois pièces communiquant entre elles et ne formant qu'une seule habitation ; au lieu dit En Surelot, il explora, jusqu'au sol naturel, un groupe d'habitations gallo-romaines construites au-dessus d'excavations pratiquées, elles aussi, dans le roc même du plateau ; il y reconnut un hypocauste très bien conservé, une cave profonde de plus de 3 mètres, un puits de 28 mètres. M. Salomon Reinach omet toutes ces découvertes pour ne parler que du sanctuaire dolménique, dont à plusieurs reprises, dans la suite de ses *Ephémérides*, il s'obstinera à nier, contre toute évidence, le caractère pré-romain et l'intérêt à la fois archéologique et historique.

Ici nous voulons seulement relever une double erreur commise par lui. « L'édifice romain, écrit-il, aurait été un temple de Juno Regina, dont on a recueilli des éléments d'architecture (B. A., 1913, pl. XLIII) et où l'on a trouvé un Hermès d'Hercule (B. A. 1913, pl. XLV). » M. Salomon Reinach a bien mal lu le rapport de M. Toutain. Il n'y est dit nulle part que les fragments d'architecture, représentés par la pl. XLIII du *Bulletin archéologique* de 1913, et l'hermès d'Hercule, figuré sur la pl. XLV, ont été trouvés dans l'édifice romain qui avait été construit autour de la sépulture dolménique. Il y est dit au contraire que ces trouvailles « *ont été faites en divers autres points de la parcelle cadrastrale 400* » (P. 405 du *Bulletin*).

P. 90. — Sous la date du 12 avril (1912). — M. Salomon Reinach écrit : « Toutain émet l'opinion que le forum d'Alesia est une imitation du forum de Trajan ainsi que des monuments qui le décoraient. » Il omet d'indiquer que cette « opinion » fut émise dans une séance du Congrès des

Sociétés savantes tenu à Paris, et que le procès-verbal de cette séance mentionne l'adhésion de M. Michon à la thèse présentée par M. Toutain. « M. Michon, y lisons-nous, insiste sur l'analogie entre les deux forums. »

P. 90. — Sous la date du 28 juillet. — M. Salomon Reinach, en 1912 comme en 1911, donne un compte-rendu fort incomplet de la séance solennelle tenue à Alise Sainte Reine par la Société des Sciences de Semur sous la présidence de M. Paul Léon. Il passe complètement sous silence la communication faite par M. Toutain sur « *Les habitations gauloises et les maisons gallo-romaines d'Alesia* ». Il signale que « les sommes consacrées aux fouilles et aux installations ont dépassé 18.000 francs dont 10.000 reçus du Service des Monuments historiques. » Ce renseignement, emprunté au rapport de M. Toutain, est présenté ici sous une forme qui en dénature le véritable sens. Voici en effet le texte de M. Toutain : « *Les sommes qu'elle* [la Société des Sciences de Semur] *a consacrées soit aux fouilles, soit à l'aménagement du quartier des huttes gauloises, soit aux travaux du Musée, ont dépassé 18.000 francs. La Société ayant reçu du service des Monuments historiques une subvention de 8.000 francs, c'est donc une somme de 10.000 francs qu'elle a dépensée elle-même pour l'œuvre d'Alesia.* » (1) Comme on le voit, M. S. Reinach élève de 8.000 à 10.000 francs la subvention du Service des Monuments historiques ; il dissimule sous le terme vague d' « installations » les travaux effectués au Musée ; il supprime le membre de phrase qui met en lumière l'effort financier accompli par la Société de Semur.

Entre le 28 juillet et le 8 novembre, M. Salomon Reinach n'inscrit rien dans ses « *Ephémérides* ». Il y a ici encore des lacunes qu'il nous paraît utile de combler :

Au mois d'août, le Congrès de l'Association française pour l'avancement des Sciences se tint à Nîmes ; M. Toutain y présida la Sous-Section d'archéologie et il y fit une communication sur les Fouilles d'Alesia.

(1) *Bulletin archéologique du Comité*, 1913, p. 407.

En octobre, un très important Congrès archéologique se réunit à Rome. M. Toutain y fit une lecture intitulée : « *Alesia gallo-romaine et la politique du gouvernement romain en Gaule sous l'empire.* »

P. 90. — Sous la date du 8 novembre. — M. Salomon Reinach écrit : « Dans le *Bulletin de la Société française des fouilles archéologiques* (1912, p. 280), M. Toutain étudie la voie qui traverse l'oppidum d'Alesia de l'E. à l'O ». Nous avons ici un exemple caractéristique de la méthode de travail appliquée par M. S. Reinach dans ces *Ephémérides*.

D'abord le *Bulletin de la Société française des Fouilles archéologiques* pour 1912 ne compte que 134 pages ; la référence à la page 280 est donc fausse. En second lieu, l'étude de M. Toutain, imprimée dans ce fascicule, est intitulée « *Alesia avant le siège de l'an 52* » et c'est l'antique oppidum gaulois tout entier qui y est étudié. Une rencontre fortuite nous permet peut-être d'expliquer l'erreur commise. En faisant une recherche dans l'excellent *Manuel* de J. Déchelette, nous avons remarqué (II ³, p. 965) la mention de la voie traversant l'oppidum de l'est à l'ouest avec la référence suivante (même page, note 4) : « Cette voie a été retrouvée en deux points différents, à chacune des extrémités du plateau (Toutain, *Bull. Soc. franç. des fouilles archéol.*, 1912, p. 110...). » La référence de Déchelette est parfaitement exacte. Sans doute M. S. Reinach l'aura notée ; mais il n'est pas remonté à la source ; il a cru que le travail de M. Toutain mentionné par Déchelette était consacré à cette voie seule ; il n'a fait aucune vérification et, en outre, il a changé la page 110 en page 280.

P. 91. — Parmi les publications parues en 1912, M. S. Reinach cite de M. Toutain uniquement : *Les Fouilles d'Alesia de 1909-1910*, extrait du *Bulletin de la Société des Sciences*, t. XXXVII (1910-1911). Il convient d'y ajouter :

Rapport sommaire sur les fouilles exécutées à Alesia par la Société des Sciences de Semur en 1911, extrait du *Bulletin archéologique du Comité*, 1912 ;

*Une imitation des Monuments du Forum de Trajan à Ale-
sia*, extrait du même *Bulletin archéologique* ;

Alesia avant le siège de l'an 52, extrait du *Bulletin de la
Société française des fouilles archéologiques*, 1912.

P. 91. — Sous la date 31 mars-13 novembre, M. S. Reinach rend compte de la huitième campagne de fouilles
(1913) exécutée par la Société de Semur sur le mont Auxois
et dirigée par Victor Pernet. Sans vouloir relever ici combien sont peu fondées les critiques adressées par M. S. Reinach à l'interprétation donnée par M. Toutain de la découverte d'une église chrétienne du haut moyen âge, nous
signalerons seulement une erreur bien curieuse. M. S. Reinach parle d'un « four de boulanger » qui aurait été
découvert au nord de « la prétendue basilique », et il ajoute
comme référence (plan, p. 399 [*du Bulletin archéologique
du Comité*, 1914]). Or à la page indiquée, au-dessous de la
figure qui donne le plan de ce four, on peut lire : « Plan de
la cave avec four de POTIER » ; à la page 400, sous une autre
figure qui en donne la coupe, on lit « Coupe de la cave
avec four [de] POTIER », et aux pages 402-403, M. Toutain
décrit longuement ce four de « POTIER » ; par quel miracle
ce four de potier s'est-il transformé sous la plume de
M. S. Reinach en un four de boulanger ? Nous ne saurions
le dire ; mais nous sommes en droit d'attirer l'attention
des lecteurs sur la facilité avec laquelle de telles erreurs
sont commises dans les « *Ephémérides d'Alesia* ».

P. 92. — M. S. Reinach écrit : « Près du chemin du
Mont Auxois, à l'ouest de la prétendue basilique, une cave
a donné des fragments sur marbre d'une dédicace de bonne
époque ». Ce n'est pas du tout à l'ouest, mais au sud de la
basilique chrétienne que cette cave a été découverte. Ici
encore, il suffisait, pour éviter cette erreur, de lire avec soin
le rapport de M. Toutain, qui s'exprime ainsi (p. 387/388
du *Bulletin archéologique du Comité*, 1914) : «... Une cave
située au SUD des vestiges chrétiens, tout près du chemin du
Mont Auxois. »

P. 92. — Sous la date du 13 mai. — En mentionnant la communication faite par M. Toutain, non pas au Comité (encore une erreur), mais à la Section d'archéologie du Congrès des Sociétés savantes tenu à Grenoble, sur un Hermès d'Hercule découvert en 1912, M. S. Reinach ajoute : « remarquable, croit-il, parce que le torse est recouvert d'une peau de taureau et non de lion » et, en note : « En réalité, c'est simplement un Satyre revêtu d'une nébride. » Il y a là une double erreur. Pour affirmer que cet Hermès représente un Satyre, il faut vraiment ne pas avoir jeté même un coup d'œil rapide sur le bras du personnage, beaucoup trop gros et trop fort pour être celui d'un Satyre.

Et pour désigner par le terme *nébride* la peau de taureau dont est revêtu le torse de cet Hermès, il faut ou n'avoir pas regardé le monument ou ignorer que le sens propre du mot grec νέβρις est, peau de faon.

Les pages **92-93** sont consacrées pour la plus grande partie à énumérer des articles publiés sur les découvertes de la Société des Sciences de Semur en 1912-1913 d'une part par MM. S. Reinach, Espérandieu et Corot, d'autre part par M. Toutain. Tandis que les affirmations de MM. Reinach, Espérandieu et Corot, hostiles aux conclusions de M. Toutain, sont indiquées avec précision, les études de M. Toutain et les réfutations qu'il oppose aux thèses de ses adversaires sont signalées dans les termes les plus vagues. L'injuste partialité de M. S. Reinach est ici flagrante. En voici deux exemples :

P. 92. — Sous la date : octobre, « S. Reinach proteste contre la découverte de la prétendue basilique et du prétendu sarcophage de Sainte Reine. Celle-ci n'appartient d'ailleurs pas à l'histoire ; elle est née de l'épithète de Junon, *Regina*.

P. 93. — Sous la date 9 janvier [1914] : « J. Toutain annonce à l'Académie la découverte de la basilique de Sainte Reine et publie à ce sujet deux mémoires. » Des documents publiés et étudiés dans ces mémoires, des analyses approfondies qui en sont faites, rien, pas un mot.

Et d'autre part :

P. 92. — Sous la date : Novembre. « Le commandant
Espérandieu affirme que le prétendu sanctuaire dolménique
est un four de boulanger ;... puis **P. 93**. — Sous la date :
27 mars 1914 : « Espérandieu confirme que le sanctuaire
dolménique est un four de boulanger à chauffage extérieur... »

P. 93. — *Ibid*. : « J. Toutain répond dans le même recueil. » M. S. Reinach se garde bien de faire savoir à ses
lecteurs que M. J. Toutain a réfuté dans sa réponse les
affirmations de M. Espérandieu, 1° en démontrant que l'antiquité n'a jamais connu de four de boulanger à chauffage
extérieur, que d'ailleurs, dans l'hypothèse de M. Espérandieu, le boulanger ne pouvait pas enfourner ses pains sans
mettre les pieds dans le feu ; 2° en convainquant, textes en
main, M. Espérandieu d'avoir laissé de côté la majeure partie des données fournies par la fouille (1).

P. 94. — A propos du *Guide illustré du visiteur à Alesia*,
publié en 1914, M. S. Reinach reproche à M. Toutain d'avoir
commis plusieurs erreurs. Ce n'est pas M. Toutain qui a
commis ici des erreurs ; ses affirmations sont, au contraire,
l'expression de la vérité, comme on va en juger.

1° M. Toutain ayant écrit : « En 1906 et 1907, les fouilles
de la Société des Sciences furent dirigées par M. le commandant Espérandieu ; mais, même pendant ce temps, M. Pernet, qui avait conduit les recherches de 1905, conserva la
direction des travaux », M. S. Reinach, suivant une méthode
que nous avons déjà relevée plusieurs fois, omet de citer la
première phrase, qui définit exactement le rôle de M. le
commandant Espérandieu ; il détache de cet ensemble la
phrase relative au rôle de Pernet et il ajoute : « ce qui n'est

_____

(1) *Revue des Etudes anciennes*, t. XVI (1914), p. 221 et suiv.

pas conforme à la réalité. » L'expression de M. Toutain est au contraire, si conforme à la réalité que dans le compte-rendu des travaux de la Commission des Antiquités de la Côte d'Or, du 16 novembre 1905 au 2 juillet 1906, compte-rendu publié dans le tome XV (1906-1910), p. xiv, M. Metman, parlant des fouilles d'Alesia en 1906, s'exprimait ainsi d'après MM. Chabœuf et de Truchis : « Les fouilles sont conduites sur place et avec une grande intelligence par M. Pernet, ancien maire d'Alise Sainte Reine, correspondant de la Commission, qui, voilà plus de quarante ans, avait déjà pris une part active aux travaux exécutés par ordre de Napoléon III. » Et le 8 juin 1906, Héron de Villefosse écrivait à M. le Dr Simon, qui venait de lui annoncer la découverte du théâtre gallo-romain : « Monsieur le Président, je suis tout à fait heureux de la bonne nouvelle que vous me donnez au sujet des fouilles d'Alesia et je vous prie de vouloir bien agréer toutes mes félicitations pour cette belle découverte, sans oublier la part qui revient à M. Pernet, DIRECTEUR DES TRAVAUX... » Lorsque cette lettre fut écrite, M. le C^t Espérandieu était, depuis un mois, chargé de la direction scientifique des fouilles.

D'ailleurs, par qui le *Journal des Fouilles* a-t-il été rédigé en 1906 et 1907 ? De quelle main est-il ? C'est Victor Pernet qui l'a tenu, qui chaque soir a relaté les trouvailles de la journée. Nous avons eu sous les yeux ces précieux cahiers, tout entiers de l'écriture de Victor Pernet. Et à qui fera-t-on croire que le rédacteur d'un tel document n'ait pas dirigé lui-même les travaux de fouilles?

2° M. S. Reinach écrit : « P. 18, il est question de chaudrons en bronze doré, ce qui est manifestement impossible ». Eh bien, cela n'a paru impossible ni à M. Matignon, professeur de chimie au Collège de France, ni à M. M. Besnier, ni à M. Camille Jullian. A.) Lors de la réunion solennelle tenue par la Société de Semur à Alise Sainte Reine, le 1er août 1909, et présidée par M. Matignon, le Dr Simon, dans le toast qu'il porta à la fin du banquet, s'exprima ainsi : « Vous savez que nous avons trouvé dans un puits, il y a quelques semaines, des vases de bronze dorés. Peu de

jours après cette découverte, j'avais l'occasion de voir un
savant archéologue et je l'entretenais de cette découverte.
Cet éminent savant se montra vivement intéressé par la
découverte en question, mais il émit quelques doutes sur
la réalité de la dorure de nos vases... Or la chimie, repré-
sentée par M. Matignon, a tranché la question et démontré
que nos vases de bronze sont bien réellement dorés. » (1) —
B) M. M. Besnier, dans son Etude sur « *Les vases de métal
découverts à Alésia en 1909* » n'émet pas le plus léger doute
sur la dorure de ces vases. Il en tire la conclusion que ces
chaudrons dorés faisaient sans doute partie d'un trésor
religieux (2). — C). Enfin M. Camille Jullian, dans un rapport sur les fouilles de la Société de Semur en 1909, présenté à la Section d'archéologie du Comité des travaux
historiques le 12 décembre 1910, a signalé ces « chaudrons
de bronze doré (vous vous rappelez l'intéressante communication de M. Matignon sur ces dorures et le travail de
M. Besnier sur ces mêmes objets)... » (3) Dira-t-on après
de tels témoignages qu'il est impossible que les vases découverts à Alésia en 1909 soient en bronze doré ?

3° M. S. Reinach reproche à M. J. Toutain d'avoir écrit
que « la plus grande partie des objets découverts à La Croix
Saint Charles a été donnée à Saint Germain », et il affirme
qu'il s'agit à peine d'un quart de ces trouvailles.

Nous allons bien voir. Dans le *Catalogue illustré du
Musée des Antiquités nationales au château de Saint Germain en Laye*, par M. Salomon Reinach, nous lisons,
tome II, p. 116 :

« Vitrine 22. Sculptures romaines découvertes par le
Commandant Espérandieu au cours des fouilles dirigées par
lui sur le plateau d'Alésia (1905 et suiv.) (4), qui resta une
ville assez importante à l'époque impériale. Au-dessus,

(1) *Pro Alesia*, juillet-août 1909, p. 564-565.
(2) *Id.*, février-mars 1910, p. 641 et suiv.
(3) *Bulletin archéologique du Comité*, 1910, p. CLIX ; cf. *Revue des Etudes
anciennes*, 1909, p. 317.
(4) Voudrait-on ici établir une confusion entre les fouilles de la Société de
Semur et les recherches personnelles de M. le commandant Espérandieu ?

deux bustes en calcaire, sans doute des ex-voto (*B(ulletin)* *A(rchéologique)*, 1912, pl. 11). Dans la vitrine, l'objet le plus remarquable est la tête diadémée et couronnée d'épis d'une déesse dont on a retrouvé aussi la main gauche tenant un serpent, analogue à Hygie ou déesse grecque de la santé ; il y a des traces notables de coloration rouge sur le visage, comme aussi sur un fragment de tête voisin. Noter encore une jolie tête de Mercure (*B. A.*, 1912, pl. 30) ; un enfant au maillot ; un masque terminant un bloc rectangulaire dont la face latérale gauche est ornée d'une queue de dauphin (trouvé jadis à Alésia)...

« Vitrine 23. Suite des trouvailles faites à Alesia sur le plateau : 1° Grande collection d'yeux votifs et d'autres parties du corps en bronze, consacrés à la source bienfaisante d'Alesia par des malades (*B. A.* 1910, pl. 50 ; 1912, pl. 14...) .... 6° Deux très belles fibules digitées d'époque franque découvertes dans un sarcophage à Alesia (*C. A.*, 1909, 527) ».

Et plus loin, p. 121, à la fin de la page : «... à gauche, genou votif trouvé près de la source d'Alesia avec dédicace au dieu celtique Moritasgus identifié à Apollon (*B. A.*, 1912, pl. 13, p. 47) ».

Et c'est probablement aussi des fouilles de La Croix Saint-Charles, ou des fouilles pratiquées en d'autres points du Mont Auxois par MM. le commandant Espérandieu et le Dr Epery, que proviennent divers objets mentionnés p. 121, sous les lettres E. F. G. « Objets en fer pour la plupart originaux trouvés dans les fouilles du plateau d'Alesia (1905 et suiv.) ». Comme la Société de Semur n'a donné aucun objet original au Musée de Saint-Germain, il faut en conclure que tous ces objets, « pour la plupart originaux », ont été découverts à La Croix Saint-Charles ou ailleurs par M. le commandant Espérandieu et donnés par lui au Musée.

En outre, à la fin du tome II de son *Catalogue*, M. S. Reinach donne la liste chronologique des principales acquisitions faites par le Musée de 1862 à 1921. Nous y relevons pour l'année 1909, p. 335, la mention suivante (52698 (1)

---

(1) Et non 52498, comme il est imprimé, ce qui est manifestement une erreur.

— 52708 et suiv.). Produits des fouilles du commandant Espérandieu à Alise ». Le n° suivant commence à 52731. Il en résulte qu'à l'inventaire ou au registre d'entrée du Musée, les produits de ces fouilles occupent de 52698 à 52730 soit 33 n°ˢ.

D'ailleurs, pourquoi M. Salomon Reinach se défend-il ici d'avoir reçu au Musée de Saint-Germain la plus grande partie des objets découverts à La Croix-Saint-Charles? Il s'exprimait tout autrement devant la Section d'archéologie du Comité des Travaux historiques, le 13 février 1911 : « Le Comité, disait-il, connaît les brillants résultats donnés par les fouilles du commandant Espérandieu au temple de Moritasgus à La Croix Saint Charles (Mont Auxois). Les résultats de ces fouilles ont été publiés aussitôt ; *les objets découverts ont enrichi le Musée de Saint-Germain* (1).. Je demande que ces fouilles soient subventionnées de la manière la plus libérale, tant dans l'intérêt de la science que *dans celui des Musées nationaux, qui en tirent également bon profit* » (2).

Qu'un certain nombre de fragments, d'objets de métal et de terre cuite, de débris de verre, etc. soient demeurés au Musée municipal d'Alise, nous ne le contestons pas ; ce que nous affirmons de nouveau, malgré les dénégations de M. S. Reinach et en invoquant son propre témoignage, c'est que la plus grande partie des trouvailles et, en tout cas, les plus importantes de beaucoup, ont été transportées au Musée de Saint-Germain. Et qu'on nous permette de rappeler ici l'extrait du procès-verbal de la séance du Conseil municipal d'Alise en daté du 12 mai 1909 :

« *M. le Dʳ Epery, en prévision des fouilles particulières qu'il se propose de faire exécuter sur la partie Est du Mont Auxois (3) demande au Conseil municipal l'autorisation de déposer au Musée communal* TOUS *les objets qui pourront être trouvés dans ces fouilles.*

« *Le Conseil municipal accepte avec reconnaissance la proposition de M. le Dʳ Epery* ».

(1) C'est nous qui soulignons.
(2) Id. — Cf. *Bulletin archéologique du Comité*, 1911, p. XLVI.
(3) C'est-à-dire à La Croix Saint Charles.

On voit, par les détails ci-dessus, quelle suite a été donnée à cette proposition.

Depuis 1921, date de la publication du *Catalogue illustré du Musée des Antiquités nationales* de M. S. Reinach, MM. Espérandieu et Épéry ont entrepris de nouvelles fouilles en divers points du Mont Auxois. Les résultats de ces fouilles ont été communiqués sommairement à l'Académie des Inscriptions et Belles-Lettres (1) : nous croyons savoir qu'aucune des trouvailles signalées dans ces communications n'est entrée, en original, au Musée municipal d'Alise Sainte-Reine.

P. 95. — Sous la date du 24 mai. — Après avoir cité le passage suivant d'une communication présentée par M. J. Toutain au premier Congrès des Sociétés Savantes de Bourgogne à Dijon : « Nous avons entendu le savant directeur du Musée des Antiquités nationales de Saint-Germain-en-Laye regretter que l'État subventionne des fouilles dont les produits ne viennent pas enrichir les Musées nationaux », M. S. Reinach ajoute : « M. J. Toutain a mal entendu ». — Nenni. M. J. Toutain a parfaitement entendu et il a noté immédiatement l'opinion exprimée par M. S. Reinach. Cette opinion a été exprimée dans la séance de la Section d'archéologie du Comité des travaux historiques du 10 novembre 1913 au cours de la discussion, qui s'engagea entre les membres du Comité sur le point de savoir dans quelle mesure et par quels moyens on pourrait assurer la conservation dans un musée public, et au moins en France, des antiquités et des objets d'art découverts au cours de fouilles subventionnées par l'État (2). Il est possible que M. S. Reinach ne se rappelle plus la teneur exacte de la phrase qu'il a prononcée ; mais M. J. Toutain en fut frappé et la nota au passage, en raison même de la donation faite au Musée de Saint-Germain de la majeure partie des trouvailles de La Croix Saint Charles, donation qui contredisait la proposition faite par M. le Dr Epery au Conseil municipal d'Alise.

(1) *Comptes-rendus des séances de l'Académie des Inscriptions et Belles-Lettres*, 1923, p. 413; 1924, p. 235 et suiv.

(2) *Bulletin archéologique du Comité*, 1913, p. cxxvi.

P. 95 et suiv. — Pour les années 1915-1921, les *Ephémérides* sont bien maigres. Elles signalent simplement les suites de la polémique entreprise contre les travaux de M. J. Toutain sur le Sanctuaire dolménique et la Basilique primitive de Sainte-Reine. Nous avons ici encore de nombreuses lacunes à combler. Pendant cette période de sept années, la nouvelle série de *Pro Alesia* a publié maintes études relatives à Alesia, dont M. S. Reinach ne dit mot :

1ʳᵉ année : 1914-1915.

J. Toutain, *Où en est l'œuvre entreprise par la Société des Sciences de Semur sur le Mont Aussois* (p. 4-21) ; *Chronique des Fouilles* (avril-juin 1914), p. 31-34.

J. Toutain, *L'emplacement de la basilique primitive de Sainte-Reine*, p. 35-38.

J. Toutain, *Alesia gallo-romaine*, p. 61-69.

J. Toutain, *Note sur un fragment de vase sigillé représentant le supplice de Prométhée trouvé à Alesia*, p. 116-125.

J. Toutain, *Alesia et les villes romaines d'Angleterre*, p. 125-138 et p. 168 et suiv.

2ᵉ année : 1915-1916.

V. Pernet, *Les richesses archéologiques du Mont Aussois*, p. 34-38.

J. Toutain, *Les origines de l'œuvre d'Alesia et la Société des Sciences de Semur* (1904-1905), p. 46-58.

J. Toutain, *L'industrie de l'os à Alesia*, p. 59-64.

J. Toutain, *La série des poids gallo-romains recueillis dans les ruines d'Alesia*, p. 64-72.

J. Toutain, *Jambe votive en bronze trouvée à Alesia*, p. 75-78.

V. Pernet, *La Fontaine Sainte-Reine d'Alesia*, p. 102-123.

J. Toutain, *Deux nouvelles sculptures gallo-romaines d'Alesia*, 145-157.

3ᵐᵉ année : 1916-1917.

V. Pernet et J. Toutain, *Les aqueducs antiques découverts en 1898-1899 à l'extrémité orientale du Mont Aussois*, p. 40-53.

J. Toutain, *Figurines en terre cuite découvertes à Alesia*, p. 65-90.

G. Testart, *Les débris des huttes gauloises d'Alesia*, p. 94-99.

5ᵉ année : 1919.

J. Toutain, *Notes d'épigraphie et d'archéologie religieuse gallo-romaine : Le sanctuaire et le culte d'Ucuetis et Bergusia à Alesia*, p. 49-75.

Nous reprenons l'examen critique des *Éphémérides*.

P. 98. — Sous la date août (1922). — M. Fornerot est qualifié par M. S. Reinach : *agent voyer*. C'est là une erreur. M. Fornerot fils est ingénieur des travaux publics de l'État, comme l'était M. Fornerot père, aujourd'hui à la retraite. Il est possible que M. S. Reinach ignore purement et simplement le véritable titre de MM. Fornerot; mais nous avons des raisons sérieuses de croire qu'autour de M. Reinach certaines personnes s'efforcent de rabaisser le mérite de ces collaborateurs, non seulement dévoués et désintéressés au-delà de toute expression, mais d'une compétence et d'une habileté dont nous pourrions donner des preuves, le cas échéant, aux dépens mêmes de ceux qui affectent de méconnaître les services rendus par eux. A bon entendeur, salut !

P. 98. — Sous la date du 14 août (1922). — En rendant compte de la réunion solennelle de la Société de Semur, tenue ce jour-là sous la présidence de M. René Vallery-Radot, à Alise Sainte-Reine, M. Reinach écrit . « J. Toutain y raconte comme un fait historique la dernière chevauchée de Vercingétorix se rendant à César ». M. Toutain sait fort bien que tel n'est pas l'avis de M. S. Reinach. Mais, quand il s'agit d'un épisode de l'histoire de la Gaule, il accorde plus d'autorité à M. Camille Jullian qu'à M. S. Reinach. Il s'est inspiré dans son récit des pages 531 et suiv. du tome III de la magistrale *Histoire de la Gaule* de M. Camille Jullian.

A propos de cette réunion de la Société de Semur, M. S. Reinach passe complètement sous silence le très beau discours prononcé par M. René Vallery-Radot, dans lequel l'éminent président du Conseil d'administration de l'Institut

Pasteur rendit à l'œuvre de la Société de Semur un affec-
tueux et délicat hommage.

Pour cette année 1922, la campagne de fouilles de la Société
de Semur est ainsi résumée : « Puis on déblaie l'édifice dit
basilique primitive, dont une partie recouvre le tracé d'une
des principales rues gallo-romaines ». La mention est vraiment trop sommaire. La découverte caractéristique d'un
pavement en mosaïque de terre cuite à l'intérieur de la basilique est passée complètement sous silence.

P. 99. — Pour l'année 1923, les *Ephémérides* d'Alesia
sont d'une pauvreté extraordinaire. Elles ne contiennent
rien, absolument rien, pas une ligne sur l'œuvre de la Société
de Semur. — Une fois de plus, complétons l'exposé de M. S.
Reinach.

D'abord, en ce qui concerne la campagne de fouilles, qui
dura de mars à novembre, il n'eût été que juste de mentionner le déblaiement méthodique et complet de la basilique
primitive de Sainte-Reine, dont tous les murs extérieurs ont
été dégagés de bout en bout ; à l'intérieur, outre plusieurs
sarcophages chrétiens, de l'époque mérovingienne et caro-
lingienne, on a découvert plusieurs parties du pavage en
mosaïque de terre cuite déjà aperçu en 1922, le soubassement probable de l'autel, un fragment de croix en pierre,
un autre soubassement en pierre fruste qui est peut-être celui
des fonts baptismaux, etc. En dehors de cette fouille principale, à peu de distance du chemin du Mont Auxois, a été
mis au jour un foyer de potier gaulois, consistant en une
aire aplanie d'argile brûlée, rougie par le feu et sur laquelle
des cendres noires étaient encore visibles par places ; près
de ce foyer ont été recueillis beaucoup de fragments de pote-
rie grossière, un morceau compact de terre à modeler et
une quantité considérable de ces débris de revêtements en
terre mal cuite, sillonnés sur une de leurs faces par des
stries plus ou moins profondes, qui formaient sans doute les
parois des huttes gauloises (1).

(1) Ces renseignements ont été donnés dans deux numéros du *Bulletin mensuel de la Société de Semur*, les n°s 4 (juin-juillet 1923) et 7 (octobre 1923).

Quant à la réunion solennelle, que la Société de Semur a tenue en 1923 sur le Mont Auxois, elle a eu lieu le 26 août sous la présidence de M. Barbey de Budé, ancien président de la Société vaudoise d'histoire et d'archéologie ; elle a été honorée de la présence d'E. Babelon, de MM. Vallery-Radot, Bouillerot, Lorimy, Henry Corot, Henri Pernet. Comme M. Vallery-Radot l'avait fait en 1922, M. Barbey de Budé mit en lumière la valeur et l'intérêt de l'œuvre archéologique, entreprise par la Société de Semur, interrompue de 1914 à 1922 par la grande guerre, et remise en action au printemps de 1922 (1).

Il y a donc, pour l'année 1923, une lacune considérable dans la chronologie raisonnée que M. S. Reinach a prétendu donner sous le titre d'*Ephémérides d'Alesia*.

En signalant la publication du tome XXXVIII du *Bulletin annuel de la Société de Semur*, M. S. Reinach écrit : « On y trouve : Pernet et Toutain, *Journal des Fouilles de 1912* et *rapport sommaire* ». Cette expression : *rapport sommaire* ne répond pas à la réalité ; en effet, outre la reproduction du rapport présenté par M. J. Toutain à la Section d'archéologie du Comité des travaux historiques et publié dans le *Bulletin archéologique de 1912*, ce travail contient une série de *Notes sur quelques objets particulièrement intéressants découverts pendant la campagne de fouilles de 1911* : 1° L'inscription sur lame de bois ; 2° La fibule au nom de Lilaiccos ; 3° L'épingle en bronze ornée d'un aigle ; 4° Le moule à rouelles ; 5° Le couteau à lame mobile ; 6° Le vase en verre (2).

Une fois encore, reprenons, après avoir comblé les lacunes de l'exposé de M. Reinach, l'examen critique des *Ephémérides*.

P. 99. — Sous la date mars [1924]. — M. Salomon Reinach signale une séance annuelle de la Société de Semur, où M. J. Toutain aurait parlé du vestige dolménique et de la basilique primitive de Sainte-Reine. Nous ne savons où

____

(1) Le compte-rendu détaillé de cette réunion a été donné par le *Bulletin mensuel de la Société de Semur*, n° 6 (août 1923).

(2) *Bulletin de la Société des Sciences de Semur*, t. XXXVIII (1912-1922), p. 418 et suiv.

M. S. Reinach a trouvé ce renseignement. Il n'y a eu en mars 1924 ni séance annuelle, ni même séance ordinaire de la Société de Semur. L'Assemblée générale de la Société s'est tenue le jeudi 28 février. Il n'y a été question ni du vestige dolménique ni de la basilique primitive de Sainte-Reine ; il n'en a pas été question davantage dans les séances ordinaires du mardi 15 avril et du jeudi 22 mai 1924.

A l'occasion de cette prétendue séance annuelle, M. S. Reinach rappelle que, pour lui, « le vestige dolménique est une tentative tenace de mystification ». Nous tenons à prévenir charitablement les lecteurs de la *Revue archéologique* que seuls seront mystifiés, en cette affaire, ceux qui accorderont créance aux négations de M. S. Reinach, négations qui ne sont fondées sur aucun argument, sur aucune discussion.

P. 99-100. — Sous la date du 27 juillet — M. S. Reinach, faisant allusion au rapport présenté par M. le Dr Simon lors de la réunion solennelle, tenue par la Société de Semur à Alise Sainte Reine sous la présidence de Mgr Baudrillart, affirme que M. le Dr Simon a reproché aux explorateurs de la Croix Saint Charles d'avoir enrichi des musées lointains.

Ici M. S. Reinach donne un nouvel exemple de la méthode qu'il a trop souvent appliquée dans ces *Ephémérides*. Il parle du rapport de M. le Dr Simon sans l'avoir entendu, puisqu'il n'assistait pas à la réunion du 27 juillet, et sans l'avoir lu, puisque ce rapport n'a été publié nulle part in-extenso avant le moment où il a écrit ses *Ephémérides*. Voici sans doute le passage de ce rapport, auquel il fait allusion, d'après des racontars plus ou moins exacts et sincères. M. le Dr Simon a cru devoir indiquer « les deux conceptions que l'on peut avoir d'une entreprise de fouilles ».

« Il en est, dit-il, qui fouillent le sol surtout pour y rechercher des objets, statues ou statuettes, reliefs, figurines de bronze ou de terre cuite, poteries et fragments de poteries, ex-voto, monnaies, etc. Les objets découverts sont transportés dans quelque musée lointain, où ils s'ajoutent à d'autres objets similaires recueillis en mille endroits variés, où ils sont, pour ainsi dire, déracinés. Quant aux constructions antiques, d'où ils proviennent, on les abandonne, on n'en prend aucun soin. Rapidement elles s'éboulent, sont de nouveau envahies par la végétation ou par la terre, et bientôt toute trace ou presque en disparaît ».

Voilà exactement ce qui a été dit par M. le Dʳ A. Simon. Nous savons qu'un des explorateurs de la Croix Saint Charles assistait à la réunion ; s'il s'est reconnu, lui et son collaborateur, dans ces phrases très générales, M. le Dʳ Simon n'y peut rien.

M. S. Reinach continue : « Il (M. le Dʳ Simon) oublie ce que leur doivent [aux explorateurs de la Croix Saint Charles] les deux Musées d'Alise ». Il y a ici une erreur vraiment étrange. Le Musée Alesia, fondé par la Société de Semur à Alise même, ne doit rien, absolument rien aux fouilles de la Croix Saint Charles ; il n'a pas reçu de ces fouilles le moindre objet, le plus petit fragment. Peut-être M. S. Reinach veut-il dire, sous une forme plus générale, que le Musée Alesia doit quelque chose à MM. le commandant Espérandieu et le Dʳ Epery, en dehors de leurs découvertes de la Croix Saint Charles. Une telle affirmation ne serait pas plus exacte. Le Musée Alesia renferme tout ce qui a été trouvé dans les fouilles de la Société de Semur ; ces fouilles ne sont point celles de M. le commandant Espérandieu ni de M. le Dʳ Epery ; ce sont les fouilles de la Société et d'elle seule.

Quant au Musée municipal d'Alise, nous avons vu plus haut qu'il ne doit guère aux explorateurs de la Croix Saint Charles.

Pour l'année 1923, M. S. Reinach omet de signaler la communication faite par M. J. Toutain sur les *Fouilles récentes d'Alise Sainte Reine* au Vᵉ Congrès international des Sciences historiques de Bruxelles.

P. 100. — M. S. Reinach ne dit mot ni des fouilles exécutées par la Société de Semur en 1924 ni de la conférence faite par M. J. Toutain à Dijon sur « *La Résurrection d'Alesia* », à l'occasion du Congrès des Sociétés savantes. Encore une double lacune que nous sommes obligés de combler. M. S. Reinach a daté ses *Ephémérides* de la fin d'août 1924. Or les Fouilles de la Société de Semur ont été reprises dès le mois d'avril et M. S. Reinach a visité le

Mont Auxois le 19 août. Il lui était facile d'en indiquer les principaux résultats, comme il l'a fait pour les fouilles exécutées au nom de l'Académie de Dijon pendant ce même été. S'il a gardé le silence sur les Fouilles de la Société, c'est qu'il l'a voulu, et cette abstention met nettement en lumière sa partialité.

Quant à la conférence que M. Toutain a faite à Dijon le 23 avril 1924, un compte-rendu sommaire en a été publié dès le mois de juin dans le *Bulletin mensuel de la Société de Semur* (n° 3 de 1924). M. S. Reinach a-t-il été mécontenté par la péroraison du conférencier : « *Dans cette œuvre que j'ose appeler capitale, la Société des Sciences de Semur a joué un rôle prépondérant. Elle soumet, sans aucune appréhension et en toute confiance, le résultat de ses travaux au jugement des archéologues compétents, de tous les hommes impartiaux chez qui le goût et le souci de nos antiquités nationales ne se laissent influencer par aucune considération de personne ou de clocher...* » ? Nous ne savons ; mais le silence gardé par M. S. Reinach sur cette conférence n'est pas moins significatif que celui qu'il a gardé sur les fouilles de la Société en 1923 et 1924.

Et nous arrivons aux dernières lignes des Ephémérides, où presque tout, sinon tout, est erroné, tendancieux et sans aucune valeur.

Voici ces dernières lignes, avec les observations qu'elles appellent :

« 19 août [1924]. L'auteur de ces *Ephémérides* se rend à Alesia et y constate à son tour :

1° Que le sanctuaire dolménique n'existe pas ; que la construction prise pour un dolmen n'a même aucune ressemblance avec un dolmen ;

2° Que la basilique de Sainte-Reine n'existe pas, du moins là où on a cru la reconnaître ;

3° Que tout vestige de christianisme primitif faisant défaut dans les Musées d'Alise, l'hypothèse d'une forte communauté chrétienne à Alesia au IIIe-IVe siècle est, pour le moment, extravagante ;

4° Que le sarcophage dit de Sainte Reine est au plus tôt du VIIIe siècle et que la cassure qu'il présente, très irrégulière, ne peut être une *fenestella* ;

5° Que ce sarcophage est presque identique, sans en excepter la cassure irrégulière, avec celui qui, découvert en 1879, est conservé au Musée municipal ;

6° Que ce Musée devrait être réuni au Musée Alesia beaucoup plus vaste, à condition que ce dernier soit débarrassé d'une frise de squelettes sans intérêt qui produisent un effet macabre sur les visiteurs ;

7° Que la flûte de Pan et le Gaulois mort, objets de grande valeur, ne sont toujours représentés au Musée Alesia, que par des moulages, sans qu'on sache où sont les originaux, autrefois confiés à V. Pernet ».

D'abord, qu'on nous permette une observation générale. M. S. Reinach fait ici allusion à des monuments qui ont été longuement décrits et étudiés par M. Toutain en plusieurs articles ; M. J. Toutain a apporté, à l'appui de ses conclusions, des faits, des documents, des arguments dont le caractère scientifique ne saurait être contesté, quel que soit le jugement que l'on veuille porter sur les dites conclusions. En réponse à ces études multiples et détaillées, M. S. Reinach se borne à des affirmations, dont le ton doctoral, en l'absence de toute discussion, ne saurait faire illusion aux vrais savants ni aux érudits sérieux. Des affirmations de ce genre n'ont aucune valeur et ne devraient même pas être discutées, si elles ne contenaient des erreurs de fait, qu'on s'étonne vraiment de rencontrer sous la plume de M. S. Reinach. Nous nous bornerons à signaler ces erreurs.

1° « La construction prise pour un dolmen n'a même aucune ressemblance avec un dolmen ». — Il est faux que le nom de dolmen ait jamais été donné à une construction. M. J. Toutain, au contraire, a toujours soigneusement distingué ce qu'il croit être un dolmen de la construction galloromaine dans laquelle ce dolmen se trouve comme enchâssé. De quoi, d'autre part, se compose ce que M. Toutain appelle un dolmen ? D'une grande dalle demi-circulaire en pierre à peine débrutie soutenue par trois pierres brutes placées de champ, et recouvrant une fosse rectangulaire, dont les parois sont constituées par des pierres plates, mal équarries ou presque brutes, posées de champ. Or les définitions diverses, que les archéologues préhistoriens ont données du dolmen, se résument toutes en cette idée principale : le dolmen est un monument qui consiste essentiellement en une ou plusieurs dalles horizontales soutenues au-dessus du niveau du sol par deux ou plus de deux supports, dalles et supports étant en pierres brutes ou à peine équarries. Les dimensions du monument sont très variables, depuis le dolmen qui ne renferme qu'une seule chambre rectangulaire jusqu'à l'allée couverte qui en contient plusieurs (1). Ne pas vouloir constater l'analogie de la disposition découverte à Alise avec la définition même du dolmen, c'est nier l'évidence et commettre une erreur de fait.

3°.... « L'hypothèse d'une forte communauté chrétienne à Alesia au iiie-ive siècle est, pour le moment, extravagante ». On connaît le proverbe familier : *Qui veut noyer son chien l'accuse de la rage.* Nulle part n'a été formulée une pareille hypothèse. C'est à croire vraiment que l'imagination de M. S. Reinach lui joue parfois de bien vilains tours. M. J. Toutain s'est au contraire attaché, dans tous les travaux qu'il a consacrés, à la basilique primitive de Sainte Reine, à ne point remonter au-delà du plus ancien document qui mentionne le culte de la sainte à Alise, c'est à dire le *Codex Bernensis* du Martyrologe hiéronymien, attribué par G. B. de Rossi et Mgr Duchesne au début du viie siècle. Ce qui est plus caractéristique encore, la légende elle-même déclare qu'à l'époque fixée par elle pour le martyre de la sainte il y avait très peu de chrétiens à Alesia (2). La première date, à laquelle les textes traditionnels citent un culte organisé, n'est guère antérieur à l'an 400. L'hypothèse d'une forte communauté chrétienne à Alesia au iiie-ive siècle est, en effet, extravagante ; mais elle n'a été exprimée par personne ; elle est sortie tout entière de la fantaisie de M. S. Reinach.

4° « Le sarcophage dit de Sainte Reine est au plus tôt du

---

(1) En particulier J. Déchelette, *Manuel*, I, p. 376 et suiv., J. de Morgan, *L'humanité préhistorique*, p. 250.

(2) On lit dans l'Office de la Sainte, à la *lectio* V pour le jour de la Révélation des Reliques : « Post gloriosissimum Beatae Reginae virginis ad coelos triumphum, in eodem loco ubi martyrium passa fuerat, *pauci qui erant Christiani* corpus ejus tumularunt.......... Sic terrae visceribus abditum sacrum pignus *fere mansit incognitum*, donec ingenti miraculorum numero tandem revelatum fuit ».

vııı^e siècle et la cassure qu'il présente, très irrégulière, ne peut-être une *fenestella* ». C'est ici, surtout, que M. S. Reinach aurait dû justifier son opinion. A quoi reconnaît-il que le sarcophage dit de Sainte Reine est au plus tôt du vıı^e siècle ? La chronologie des sarcophages de pierre est loin d'être fixée : au mois de novembre 1924, M. M. Prou, dont personne ne contestera la compétence en la matière, déclarait à la Section d'archéologie du Comité des travaux historiques, qu'il n'osait se prononcer, en ce qui concerne les sarcophages de Civaux, entre l'opinion du R. P. de la Croix qui les attribue à la période du vı^e au vııı^e siècle et celle de M. Maximin Deloche, qui en recule la date jusqu'au second siècle (1). Plus d'un archéologue sera surpris de l'assurance avec laquelle M. S. Reinach affirme que le sarcophage d'Alesia date au plus tôt du vııı^e siècle. Par la forme trapézoïdale de la cuve, il peut tout aussi bien dater du vı^e siècle. Quant à la prétention de considérer comme une cassure l'orifice, de forme circulaire peu régulière, mesurant de 0 m. 37 à 0 m. 38 de diamètre, qui troue le couvercle du sarcophage, elle est vraiment insoutenable. Une cassure ne saurait prendre cette forme ; des voleurs ou des violateurs de sépulture se seraient contentés de briser le couvercle à coups de masse et n'auraient certainement pris ni la peine ni le temps d'y découper une rondelle de pierre de cette dimension.

7°.. « La flûte de Pan et le Gaulois mort, objets de grande valeur, ne sont toujours représentés au Musée d'Alesia que par des moulages, sans qu'on sache où sont les originaux, autrefois confiés à V. Pernet ».

Ici nous sommes obligés d'entrer dans d'assez longs détails, pour montrer, avec preuves à l'appui, quelle est la méthode de discussion familière à M. S. Reinach.

Dès l'apparition du numéro de la *Revue archéologique*, où les *Ephémérides d'Alesia* ont été publiées, M. J. Toutain adressa à M. S. Reinach la lettre suivante :

____

(1) *Bull. archéol. du Comité*, 1924, p. cLxxxı.

Paris, le 23 avril 1925.

Monsieur le Directeur,

« La *Revue archéologique*, dans son dernier numéro (5ᵉ Série, t. XXI, janvier-mars), contient un article de vous intitulé : *Ephémérides d'Alesia, histoire, fouilles, controverses*. La partie de cet article, consacrée aux fouilles entreprises par la Société des sciences historiques et naturelles de Semur depuis 1905, est en bien des points inexacte, incomplète, injuste ; ses lacunes, ses erreurs, ses appréciations tendancieuses seront relevées en temps et lieu. Mais dès aujourd'hui, je tiens à protester, au nom de la Société de Semur et en mon nom personnel, contre une affirmation déjà produite et que vous répétez en ces termes : « L'auteur de ces Ephémérides se rend à Alesia et y constate à son tour :

7° Que la flûte de Pan et le Gaulois mort, objets de grande valeur, ne sont toujours représentés au Musée Alesia que par des moulages, sans qu'on sache où sont les originaux autrefois confiés à V. Pernet ».

Cette affirmation est absolument inexacte. Les originaux de la flûte de Pan et du Gaulois couché ou endormi (non pas du Gaulois mort, car ce petit bronze n'a jamais représenté un cadavre) se trouvent et n'ont pas cessé de se trouver au Musée Alesia depuis que ce Musée est organisé.

Les lecteurs de la *Revue archéologique* peuvent donc être rassurés, si vraiment ils ont besoin de l'être. Il n'est pas difficile de savoir où sont ces originaux. Ils sont au Musée Alesia.

Je vous serais reconnaissant de bien vouloir publier dans le prochain numéro de la *Revue archéologique* cette rectification nécessaire.

Veuillez agréer, etc.

J. Toutain
Président de la Société des Sciences de Semur.

Cette lettre a eu des conséquences curieuses.

D'abord M. Salomon Reinach, ayant fait faire un tirage à part des *Ephémérides d'Alesia* à plusieurs centaines d'exemplaires, a eu le temps de modifier sur ce tirage à part la phrase qui a provoqué l'intervention de M. Toutain. Au lieu du § 7°, tel qu'il existe dans la *Revue archéologique*, il a écrit :

7° « Que la flûte de Pan et le Gaulois mort, objets de grande valeur, ne sont toujours représentés au Musée Alesia que par des moulages (1).

(1) Il supprimait ainsi le membre de phrase : « *sans qu'on sache où sont les originaux, autrefois confiés à V. Pernet* ».

Et en note :

Originaux exposés en avril 1925.

En second lieu, comme le demandait M. J. Toutain, M. S. Reinach a publié la lettre ci-dessus dans le n° de la *Revue archéologique* daté d'avril-juin 1925, p. 352, et il l'a fait suivre de la réponse suivante :

« Cette lettre ne corrige nullement les Éphémérides, mais les complète. A la date marquée, les objets en question n'étaient représentés dans les vitrines du Musée que par des moulages. Aucune critique, aucun blâme n'ont été formulés à ce sujet. Je pourrais spécifier des statuettes de bronze qui, par prudence, ne sont représentés au Musée de Saint Germain que par des moulages, alors que nous possédons les originaux. Et la preuve que je ne pensais nullement que les objets d'Alesia eussent été détournés, c'est que j'offrais d'accueillir les originaux à Saint Germain, si la Société de Semur craignait pour leur sécurité ; j'estimais donc qu'elle les possédait.

« J'admire l'habileté avec laquelle M. Toutain dit que les objets en question sont au Musée Alesia sans spécifier que les originaux n'ont été exposés qu'*après* ma visite. Il a l'air de me donner ainsi un démenti qui n'en est pas un. En matière archéologique, il vaudrait mieux y aller plus carrément, surtout quand on n'a, sur un point d'ailleurs secondaire, rien à se reprocher.

S. REINACH,
« Pélerin d'Alesia ».

M. S. Reinach voit simplement de l'habileté dans la modération voulue et la courtoisie du ton de la lettre de protestation de M. J. Toutain ; et il en conclut : « Il vaudrait mieux y aller plus carrément ». Eh bien ! soit ; allons y carrément.

1° Nous trouvons étrange que M. S. Reinach ait modifié, dans son tirage à part, le texte publié dans la *Revue archéologique* ; c'est nous qui sommes en droit de lui reprocher une habileté d'ailleurs assez naïve et maladroite, car le tirage à part ne supprime ni ne corrige le texte de l'article original. M. S. Reinach voudrait-il pouvoir se référer tantôt au texte de l'article, tantôt à celui du tirage à part ?

2° Puisque M. S. Reinach s'obstine à affirmer que le jour de sa visite, le 19 août 1924, la flûte de Pan et le Gaulois couché n'étaient représentés dans les vitrines du Musée que par des moulages et que les originaux n'y ont été exposés qu'après sa visite, nous sommes obligés de lui donner *carrément* (comme il le demande) un démenti aussi net que possible. Le 19 août 1924, les deux objets originaux se trouvaient dans la vitrine du 1ᵉʳ étage du Musée Alesia, qui leur est attribuée, en même temps que le buste de Silène et plusieurs autres objets d'un intérêt considérable. Et ceci nous amène à faire connaître comment a eu lieu cette visite de M. S. Reinach à Alesia, visite qui lui a inspiré, nous l'avons vu plus haut, des affirmations si imprudentes.

Parlons d'abord de sa visite au Musée. M. S. Reinach a examiné la flûte de Pan et le Gaulois couché à travers les glaces d'une vitrine. Cette vitrine se trouve placée à contre-jour ; l'observation en a été faite sur le registre du Musée Alesia par plusieurs visiteurs, entre autres par M. Théodore Reinach, qui a exprimé le regret de n'avoir pu, en raison de cette circonstance toute matérielle, bien voir les objets exposés dans la vitrine (1). Cette vitrine est fermée à clef. M. S. Reinach n'a donc pas pu bien voir les deux objets en question ; de plus il n'a pas pu les manier, les toucher, en reconnaître de près la matière et les détails. Et c'est après un examen aussi superficiel, fait dans de telles conditions, qu'il affirme et qu'il répète : « les objets en question n'étaient représentés dans les vitrines du Musée que par des moulages ». Il n'est pas étonnant qu'avec une telle méthode on prenne des originaux pour des moulages ; ce qui serait surprenant, ce serait qu'elle conduise ceux qui l'appliquent à des conclusions exactes.

Nous ne savons pas si, en se rendant à Alesia le 19 août 1924, M. S. Reinach avait l'intention de mener une enquête sur l'œuvre archéologique de la Société de Semur. Ce qui est certain, c'est que dans cette circonstance son attitude à l'égard de cette Société et à l'égard de son collègue du Comité des Travaux historiques, M. J. Toutain, directeur des fouilles

---

(1) Depuis que l'observation a été faite, satisfaction a été donnée au désir exprimé : la flûte de Pan, le Gaulois couché et le buste de Silène ont été transportés dans une des vitrines plates du centre de la même salle, beaucoup mieux éclairée.

d'Alesia, a été bien peu amicale. D'autres savants, des confrères de M. S. Reinach à l'Académie des Inscriptions, n'ont pas manqué, lorsqu'ils ont été sur le point de visiter le Mont Auxois, de prévenir M. J. Toutain, et celui-ci, de son côté, a toujours fait tout son possible pour se trouver à Alise lors de leur passage, pour les accompagner aux chantiers de fouilles, au Musée, pour leur ouvrir les magasins où sont accumulés beaucoup de fragments qui n'ont pas encore pu trouver place dans les vitrines. M. S. Reinach n'a pas cru devoir avertir de sa visite le président de la Société de Semur, directeur des Fouilles d'Alesia. Il est arrivé sur le Mont Auxois, accompagné de deux personnes, qui depuis 1908 ont manifesté la plus vive hostilité envers la Société de Semur et son œuvre. Sur les terrains de fouilles de la Société, terrains dont en 1924 la Société était locataire, où par conséquent elle était chez elle, il est entré comme en pays conquis. (1). Il a agi de même au Musée, n'accordant aucune attention aux représentants de la Société, qui ont été d'autant plus frappés de cette attitude que tous les autres visiteurs, même et surtout les plus savants, les plus compétents, les ont habitués à un peu plus d'amabilité. Il n'a donc pu voir les monuments du Mont Auxois et les collections du Musée que du dehors, et cela par sa faute. C'était là une cause, en quelque manière inévitable, d'erreurs, et en fait, comme nous l'avons indiqué et comme nous l'affirmons *carrément*, de telles erreurs ont été commises par lui.

3° Dans son essai de réponse, M. S. Reinach écrit : « Aucune critique, aucun blâme n'ont été formulés à ce sujet [au sujet des prétendus moulages qui se seraient trouvés le 19 août 1924 dans les vitrines du Musée].... Et la preuve que je ne pensais nullement que les objets d'Alesia eussent été détournés, c'est que j'offrais d'accueillir les originaux à Saint Germain si la Société de Semur craignait pour leur sécurité ; j'estimais donc qu'elle les possédait ».

Pardon ! M. S. Reinach a écrit dans l'article de la *Revue archéologique* : « *sans qu'on sache où sont les originaux autre-*

(1) Elle en est, depuis lors, devenue propriétaire.

fois confiés à V. Pernet ». Il a pu supprimer ce membre de phrase dans son tirage à part, après avoir reçu la lettre de rectification de M. J. Toutain ; mais le membre de phrase demeure imprimé dans le n° de la *Revue archéologique* daté de janvier-mars 1925. Or ce membre de phrase exprime une insinuation, dont certaines personnes nous ont dit qu'elle constituait une véritable diffamation. Jusqu'à preuve du contraire, nous voulons espérer que cette insinuation n'est pas due à l'initiative de M. S. Reinach, qu'il s'est contenté de formuler ici une pensée qui lui a été suggérée ; mais c'est lui qui l'a formulée, par écrit, dans une Revue savante fort répandue, et il doit en porter la responsabilité.

En conclusion, nous répétons *carrément* ce qui a été affirmé dans la lettre de M. J. Toutain. « Les originaux de la flûte de Pan et du Gaulois couché ou endormi se trouvent et *n'ont pas cessé de se trouver au Musée Alesia* depuis que ce Musée est organisé ».

** **

Ainsi, les *Ephémérides d'Alesia*, cette chronologie raisonnée à la fois des faits et des thèses archéologiques qui concernent l'antique oppidum, ne pouvaient pas ne pas être rectifiées et complétées au point de vue de l'œuvre entreprise et poursuivie par la Société des Sciences de Semur. Trop de lacunes, trop d'inexactitudes, trop d'injustices déparent, à ce point de vue, l'article de M. S. Reinach et en font apparaître, aux yeux les moins prévenus, la flagrante partialité. Dans une lettre adressée le 6 juin 1925 à M. le Dr Simon, M. S. Reinach a écrit : « J'ai mis en lumière les services méconnus qu'a rendus le Cᵗ Espérandieu ». Où et par qui ces services ont-ils été méconnus ? Ce n'est certes pas à Paris, où M. le Cᵗ Espérandieu a trouvé toutes les satisfactions qu'il pouvait espérer et où pendant longtemps ont été accueillies sans réserve les accusations qu'il portait contre la Société des Sciences de Semur. Quant à ceux qu'il attaquait, dont il s'efforçait, comme nous l'avons démontré, d'entraver l'activité et de déprécier les travaux, ils n'ont jamais laissé échapper une occasion de signaler les services qu'il a rendus en 1906, en 1907 et depuis lors à l'exploration archéologique du Mont Auxois. M. J. Toutain n'a pas fait une seule conférence sur les Fouilles d'Alesia sans mentionner les découvertes de M. le C' Espérandieu (1). Pour ne citer que les faits les plus récents, dans le discours prononcé à la réunion solennelle du 24 août 1922, M. J. Toutain a nommé parmi les principaux collaborateurs de l'œuvre de la Société, « M. le Commandant Espérandieu, qui nous donna pendant deux ans le concours de son expérience et de sa compétence archéologique ». A la réunion du 26 août 1923, dans sa communication intitulée *Alesia, ville de sanctuaires*, il a longuement décrit le sanctuaire d'Apollon Moritasgus, après avoir dit : « de 1909 à 1911, M. le Commandant Espérandieu a mis au jour le sanctuaire d'Apollon Moritasgus ». En 1924, dans la conférence qu'il a faite à Dijon à l'occasion du Congrès des Sociétés savantes, M. J. Toutain a rappelé que les fouilles de la Société des Sciences de Semur furent effectuées en 1906 et 1907 sous la direction de M. Em. Espérandieu, puis que plus tard, parallèlement, concurremment aux fouilles de la Société, d'autres recherches ont été poursuivies en divers points du Mont Auxois par MM. Em. Espérandieu et le D' Epery. Enfin en 1925, lors du Congrès de la Fédération bourguignonne des Sociétés savantes à Auxerre. M. J. Toutain, chargé de faire une conférence publique sur Alesia, a cité les découvertes de M. Espérandieu et a projeté sur l'écran plusieurs objets trouvés par lui dans ses fouilles, en particulier la tête d'Hygie et l'image d'enfant recueillies dans le sanctuaire de Moritasgus et le bas-relief des *Matres* trouvé en 1924. Jamais aucune critique n'a été adressée aux travaux par lesquels M. Espérandieu a fait connaître ses découvertes. Plût à Dieu que cet exemple ait été suivi par M. Espérandieu lui-même et ses amis à l'égard des travaux consacrés aux fouilles

(1) Il a déjà été obligé de le rappeler dans une lettre adressée à M. Chabeuf, président de la Commission des Antiquités de la Côte d'Or, le 27 novembre 1912, et publiée dans le *Bulletin de la Société des Sciences de Semur*, tome XXXVIII (1912-1922), p. cxx.

de la Société de Semur ! Il est donc faux, matériellement faux que les services du C* Espérandieu aient été méconnus.

Ce qui est vrai, c'est que dans les *Ephémérides d'Alesia*, l'œuvre de la Société de Semur a été, malgré quelques phrases générales et banales, tout à fait diminuée. Nous avons montré, page par page, les lacunes de cet exposé partial et tendancieux ; nous en avons relevé les inexactitudes ; nous en avons réfuté les injustices. En agissant ainsi, nous n'avons eu d'autre but que de rétablir la vérité, toute la vérité, trop voilée et parfois trop altérée. Nous avons agi *pro vero* et *pro domo*.

LE PUY-EN-VELAY. — IMPRIMERIE *La Haute-Loire*, 23, BOULEVARD CARNOT.